dtv

Die Sehnsucht nach Geborgenheit, danach, ein Zeichen von Gottes Liebe zu bekommen und auf seinen Schutz vertrauen zu dürfen, drückt sich in dem Wunsch nach einem Segen aus.

Anselm Grün entfaltet Aspekte des Segens, die die Bibel und die geistliche Tradition anbieten. Er erklärt verschiedene Formen des Segens und Segnens, die sich auf das tägliche Leben und auf Stationen im Jahreskreis beziehen, und beschreibt seine persönlichen Erfahrungen. Anselm Grün schenkt uns allen das Vertrauen, daß wir angenommen sind, so wie wir sind. Einfühlsam vermittelt er, daß wir auf unserem Weg unter Gottes Schutz stehen.

Anselm Grün, geboren 1945, ist Benediktinermönch und Autor zahlreicher Bestseller. Der Cellerar der Abtei Münsterschwarzach wird von vielen als geistlicher Berater geschätzt und gehört zu den meistgelesenen christlichen Gegenwartsautoren.

Anselm Grün

Du bist ein Segen

Deutscher Taschenbuch Verlag

Von Anselm Grün sind im
Deutschen Taschenbuch Verlag erschienen:

Menschen führen – Leben wecken (34277)
Damit dein Leben Freiheit atmet (34392)
Ich wünsch dir einen Freund (34441)

Ungekürzte Ausgabe
April 2008
Deutscher Taschenbuch Verlag GmbH & Co. KG,
München
www.dtv.de
© 2004 Vier-Türme GmbH, Verlag,
97359 Münsterschwarzach Abtei
Alle Rechte vorbehalten.
Umschlagkonzept: Balk & Brumshagen
Umschlagfoto: Peter Schinzler
Satz: Filmsatz Schröter, München
Gesetzt aus der Stempel Garamond
Druck und Bindung: Druckerei C. H. Beck, Nördlingen
Gedruckt auf säurefreiem, chlorfrei gebleichtem Papier
Printed in Germany · ISBN 978-3-423-34474-6

Inhalt

Der ökumenische Kirchentag im Jahre 2003 stand unter dem Motto »Ihr sollt ein Segen sein«. Er hat das Thema des Segens für viele Menschen neu ins Bewußtsein gehoben. Offensichtlich spricht der Segen eine tiefe Sehnsucht der Menschen an. Sie sehnen sich danach, gesegnet zu werden. Aber noch etwas anderes hat das Motto des Kirchentages bei vielen ausgelöst: Sie entdeckten auf einmal, daß sie ja selbst segnen können und dürfen. Manche haben Scheu davor, andere zu segnen. Sie meinen, das sei den Priestern vorbehalten. Doch auf dem Kirchentag war es für viele eine beglückende Erfahrung, daß Menschen sich in Segensgottesdiensten gegenseitig gesegnet haben. Jeder Christ hat die Vollmacht zu segnen. Und jeder Christ ist als ein von Gott Gesegneter auch ein Segen für andere.

Auf dem Kirchentag und danach habe ich selbst viele Erfahrungen mit dem Segen gemacht. Menschen kamen auf mich zu und wollten gesegnet werden. So möchte ich in diesem Buch von meinen Erfahrungen mit dem Segen erzählen und die Tradition der Bibel und der Liturgie nach ihrer Erfahrung mit dem Segen befragen. Bewußt schreibe ich dieses Buch als Benediktiner. Der hl. Benedikt ist der »Gesegnete« *(benedictus)*. Wir Mönche tragen also schon in unserem Namen das Segensthema mit uns. Es berührt uns von unserem Selbstverständnis her.

Ein Erlebnis auf dem Kirchentag hat mich tief berührt. Da kam nach einer liturgischen Feier ein Ehepaar auf mich zu und bat mich um den Segen. Der Mann sagte, er habe den Segen dringend nötig, weil er immer wieder Fluch erfahren habe. Über ihn seien viele Worte gesprochen worden, die ihn entwerteten und ihm wünschten, daß er mit seinem Leben scheitere. Dagegen möchte er Segensworte bekommen, die in seine Seele eindringen und die Fluchworte vertreiben. Seit dem Kirchentag erlebe ich auch nach Vorträgen immer wieder, daß Menschen nicht nur ihre Bücher signiert haben möchten, sondern daß sie auch um den Segen bitten. Ich lege ihnen dann die Hände auf und spreche einen Segen. Dabei lasse ich mich von der Intuition leiten, die Worte zu sagen, die für ihre konkrete Situation passen.

Und noch eine andere Erfahrung ermutigt mich,

über den Segen zu schreiben. Wenn ich bei Kursen in der Abtei Münsterschwarzach mit der Gruppe Eucharistie feiere, bringen mir manchmal vor dem Gottesdienst Teilnehmer oder Teilnehmerinnen ein Kreuz oder einen Engel oder eine Kerze mit der Bitte, ich möge sie segnen. Wenn ich dann vor dem Segen am Schluß der Eucharistiefeier erkläre, daß ich den Gegenstand, den jemand gebracht hat, segnen werde, kommen oft spontan andere und bringen ihre Halskette oder ihren Ehering oder ihre Bibel oder etwas anderes, das ihnen wichtig ist, damit ich es auch segne.

In einer Runde von Mitbrüdern haben wir uns gefragt, warum Menschen auf einmal ein Bedürfnis nach Segen haben. Verschiedene Gründe sind uns eingefallen. Wenn jemand um den Segen bittet, möchte er sich unter Gottes Schutz stellen. Er möchte konkret erfahren, daß Gott auch mit ihm ist. Der Segen ist etwas, was von den offiziellen Kirchen unabhängig ist. Jeder Mensch vermag zu segnen. Doch man würde nicht jeden Menschen um den Segen bitten, sondern nur den, der einen entsprechenden Hintergrund hat, etwa den Vater, die Mutter, den Freund oder die Freundin oder auch den Priester, der geweiht ist. Ich muß Vertrauen haben in den, der mich segnet. Sonst könnte er den Segen mit negativen Absichten verbinden oder aber zu sehr mit seinen eigenen Bedürfnissen. Er könnte mich mit seinem Segen vereinnahmen. Im Psalm 62 heißt es: »*Sie segnen mit ihrem Mund, im Herzen aber fluchen sie.*« (Psalm 62,5) Die Kirche war sich offensichtlich dieser Gefahr bewußt, daß man den Segen mißbrauchen kann, und hat daher für die Priester, die offiziellen Segensspender, als Voraussetzung die innere Reinigung verlangt.

Wenn Menschen zu mir kommen, um von mir gesegnet zu werden, frage ich mich: Warum möchten sie persönlich von mir gesegnet werden? Ist es nur das Bedürfnis, berührt zu werden? Oder ist da nicht eine tiefere Sehnsucht in ihnen, die Sehnsucht, von Gottes Hand berührt und in ihrem Alltag begleitet zu werden? Welche Sehnsucht weckt in ihnen den Wunsch nach Segen? Ich habe viel darüber nachgedacht. Ich glaube, daß es die Sehnsucht ist, daß das Leben nicht so sehr unter den Wünschen und Verwünschungen, unter den Erwartungen und Ansprüchen von Menschen steht, sondern unter dem Segen Gottes. Wenn sie mit dem Segen Gottes ihren Weg gehen, dann hoffen sie, daß ihr Leben gelingt und ihr Weg an ein gutes Ziel führt. Ich frage mich natürlich auch, ob die Menschen nicht zuviel in mich hineinprojizieren, ob sie nicht ihre Sehnsucht nach Heilwerden, nach

Gelingen, nach der Erfahrung von Gottes Nähe in mich hineinlegen.

Als Kind habe ich immer wieder erfahren, daß mein Vater mich gesegnet hat, wenn ich wieder zurück ins Internat fuhr. Und in unserer Familie hat die Mutter das Brot gesegnet, bevor sie es angeschnitten hat. Ich frage mich, was ich als Kind mit dem Segen verbunden habe. Ich kann es nicht genau beschreiben. Aber offensichtlich war da die Ahnung, daß das Leben mehr ist als äußeres Funktionieren, daß alles, was wir tun, unter den guten Augen Gottes geschieht, daß alles, was für unser Leben wichtig ist, von Gottes segnender Hand berührt und mit seiner Liebe erfüllt ist. Ein Mitbruder erzählte, wie es ihn immer tief beeindruckt hat, daß seine Mutter das Brot gesegnet hat. Das hat ihm ein Gespür für die kostbare Gabe des Brotes geschenkt. Noch heute tut es ihm weh, wenn er sieht, wie oft das Brot unachtsam aufgeschnitten und verteilt wird. Der Segen verleiht dem Brot eine andere Qualität. Im Brot nährt Gott selbst mich, der Geber alles Guten.

Wenn die Leute ihre Kreuze, Kerzen und Ringe zum Segnen bringen, frage ich mich auch, welche Sehnsucht dahintersteht. Ist es ein magisches Mißverständnis? Oder möchten sie nicht etwas in ihrem Alltag haben, das sie an Gottes Segen erinnert, das ihnen die Zusage von Gottes heilender und liebender Nähe greifbar werden läßt? Möchten sie sich handfest des Segens Gottes erinnern? Segen, das ist für sie göttliches Leben, das ihr oft hinfälliges und brüchiges Leben durchdringt. Segen, das ist gelingendes Leben, Fülle des Lebens. Segen gibt ihrem Leben einen guten Geschmack. Sie fühlen sich in allem von Gottes zärtlicher Liebe berührt und umgeben.

Ich möchte in diesem Buch den Fragen nachgehen, die in mir selbst auftauchen, wenn ich segne, und ich möchte Aspekte des Segens entfalten, wie sie uns die Bibel und die geistliche Tradition anbieten. Dabei geht es mir nicht um eine systematische Darstellung, sondern um die Erfahrungen, die ich selbst mit dem Segen machen durfte.

Aus meinen Erfahrungen
mit dem Segnen

Wenn Menschen mich um den Segen bitten

Was möchten Menschen, die mich nach einem Vortrag oder nach einem Gespräch um den Segen bitten? Wenn ich sie fragen würde, warum sie den Segen möchten, könnten sie es vermutlich selbst gar nicht genau sagen. Man könnte sich auch theologisch fragen, was der Segen bewirkt. Von der Psychologie her wissen wir, daß Worte eine Macht haben. Der Segen wirkt genau so, wie der Fluch schadet. Böse Worte bleiben im Herzen eines Menschen hängen. Gute Worte, Segensworte öffnen einen Raum des Lebens und der Liebe. Segensworte können eine Situation verändern. Daher spreche ich nie nur über diesen konkreten Menschen den Segen, sondern immer auch über seine konkrete Lebenssituation. Segensworte vermögen Verwicklungen zu entwirren und Blockiertes zum Fließen zu bringen.

Wenn mich jemand um den Segen bittet, versuche ich, mich in ihn und seine konkrete Situation hineinzuspüren. Viele, die nach einem Vortrag meinen Segen wünschen, erzählen mir kurz ihr Problem. Ein Ehepaar erzählte, daß es momentan große Schwierigkeiten miteinander habe. Es möchte gesegnet werden, in der Hoffnung, daß sein Weg dann wieder gelingen möge. Man könnte einwenden, es wäre besser, wenn es neue Kommunikationsformen einüben würde. Doch die beiden haben schon viel miteinander versucht. Sie haben in der Paartherapie daran gearbeitet, einander besser zu verstehen und sensibler miteinander umzugehen. Im Segen erhoffen sie etwas anderes. Sie möchten von Gott gesegnet sein. Sie möchten Gottes schützende Hand über sich erfahren. Das entlastet sie von ihren eigenen Anstrengungen. Es gibt ihnen Hoffnung, daß ihr Bemühen um ein gutes Miteinander doch gelingen möge.

Eine Frau erzählt mir von ihren Ängsten. Sie möchte, daß ich sie segne. Ist das ein magisches Mißverständnis? Will sie die Angst einfach weghaben? Wäre es nicht besser, mit der Angst zu sprechen und sich von ihr zu Gott führen zu lassen? Wenn ich diese Frau segne, dann tue ich es nicht im Bewußtsein, daß das alle ihre Probleme löst. Ich erkläre ihr zuerst, wie sie mit ihrer Angst umgehen könnte, wie sie sie zulassen und mit ihr ein Gespräch anfangen soll. Aber trotzdem verweigere ich den Segen nicht. Denn ich spüre die Sehnsucht, daß sich da über ihre Angst schützende Hände legen, und daß in ihre Angst Gottes heilende Liebe strömt. Der Segen ist keine Garantie, daß die Angst nicht wieder nach ihr greift. Manche kommen mit dieser magischen Vorstellung, als ob der Segen alle Probleme löse, ohne daß sie selbst etwas dazu tun müßten. Doch die meisten erbitten den Segen, weil sie spüren, daß die rein psychologische Beschäftigung mit der Angst ihnen zu wenig ist. Sie möchten über sich den Segen Gottes spüren. Das nimmt ihnen nicht jede Angst, aber es relativiert sie. Wenn die Angst wieder aufsteigt, dann stellen sie sich die schützenden Hände Gottes vor, die sie im Segen gespürt haben.

Eine schwangere Frau kommt mit ihrem Mann. Sie erzählt von dem Kind, das in ihr heranwächst. Sie bittet um den Segen für eine glückliche Geburt und dafür, daß sie beide das Kind mit offenem Herzen annehmen und ihm eine gute Mutter und ein guter Vater sind. Ein Mann erzählt mir von seiner Krankheit. Eine Frau muß am nächsten Tag ins Krankenhaus zu einer schwierigen Operation.

Ein anderer fühlt sich abgeschnitten vom Leben. Sie alle möchten gesegnet werden. Manchmal steht eine ganze Schlange von Menschen an, die um den Segen bitten. Vor einigen Jahren war das nur vereinzelt. Und manchmal hatte ich Hemmungen, vor den anderen Menschen eine so intime Geste wie die Handauflegung zu wagen und ein persönliches Gebet zu sprechen. Doch inzwischen überwindet die Sehnsucht der Menschen meine Scheu, den Segen in einem so lauten Umfeld und in einer so weltlichen Umgebung wie dem Vortragssaal zu spenden.

Wenn mich jemand um den Segen bittet, lege ich ihm die Hände auf. Und dann spüre ich mich in den Empfänger hinein und vertraue den Worten, die dann aus mir herauskommen. Ich möchte mich nicht einfach auf eine feste Formel beschränken, sondern im Segen diesem konkreten Menschen etwas zusagen. Natürlich gibt es da auch feste Formeln, die immer wieder kommen. Aber es ist der Segen für diesen konkreten Menschen. Für die Frau, die von Ängsten geplagt wird, bete ich zum Beispiel:

Barmherziger und guter Gott, segne meine Schwester und halte deine liebende Hand schützend über sie. Durchdringe ihre Angst mit dei-

nem heiligen Geist und bringe sie in Berührung mit dem Vertrauen, das auf dem Grund ihres Herzens in ihr bereit liegt. Nimm ihrer Angst die lähmende und zerstörende Kraft. Verwandle sie zu einer Erinnerung deiner liebenden Nähe. Stärke ihren Glauben, daß sie auch in ihrer Angst in deiner guten Hand geborgen ist. Und sende ihr den Engel des Vertrauens, daß er sie auf ihrem Weg begleite und sie auf ihrem Weg in immer größere Freiheit und Weite hineinführt. So segne dich der gütige und barmherzige Gott, der Vater, der Sohn und der Heilige Geist.

Bei einem kranken Mann würde ich darum beten, daß Gott seine Wunden heilen möge, und daß sein heiliger und heilender Geist immer tiefer in ihn eindringen möge.

Manchmal frage ich mich, wie das bei Jesus war. Zu ihm kamen auch Menschen, die von ihm gesegnet werden wollten. Mütter brachten ihre Kinder, damit Jesus ihnen die Hände auflege und sie segne. Väter kamen, damit Jesus ihre kranke Tochter oder ihren schwierigen Sohn segne und ihn mit seinen Händen berühre. Offensichtlich hat Jesus etwas ausgestrahlt, das die Menschen angezogen und sie ermutigt hat, um seinen Segen zu bitten. Manchmal habe ich Angst, daß die Menschen zuviel in mich hineinlegen. Ich bin nicht Jesus und habe nicht seine Ausstrahlung. Aber ich vertraue darauf, daß jeder Christ im Namen Jesu und von seinem Geist erfüllt zu segnen vermag. Daher ist es für mich wichtig, daß ich beim Segnen die Menschen nicht mit meinen Emotionen überschwemme, sondern durchlässig bin für den Geist Jesu, damit er durch meine Hände in die Menschen einströmen möge.

Wenn ich eine Kerze segne

Bei Kursen erlebe ich immer wieder, wie Leute mich darum bitten, einen Gegenstand zu segnen. Sie haben in unserer Buchhandlung ein Kreuz, einen Rosenkranz oder eine Kerze gekauft und möchten, daß ich das segne. Man kann auch mit einem ungesegneten Rosenkranz beten. Wenn ihn jemand zum Segnen bringt, dann vertraut er darauf, daß auch von seinem Beten Segen ausgehen wird für sein Leben und für seine Familie. Das Kreuz kann man auch ungeweiht in die Wohnung hängen. Ist es Magie, es vorher segnen zu lassen? Ist da ein Unterschied zwischen dem gekauften und gesegneten Kreuz? Ich denke, diesen Unterschied kann man nicht beweisen. Aber emotional ist es ein erheblicher Unterschied. Die Leute möchten mit dem Kreuz, das sie in ihrer Wohnung aufhängen oder das sie um den Hals tragen, eine Zusage verbinden.

Ein Mitbruder erzählte von einem in sich zerrissenen und unklaren Mann, der ihm einen Stein geschenkt habe. Im Zimmer spürte er, wie dieser Stein eine negative Ausstrahlung auf ihn hatte. Sein peruanischer Freund, der gerade zu Besuch war, merkte sofort, daß mit diesem Stein etwas nicht stimmte, und warf ihn weit weg. Es gibt offensichtlich Gegenstände, die mit negativer Kraft geladen sind. In Afrika gibt es heilende und schadenbringende Fetische. Offensichtlich steckt im Bedürfnis nach dem Segen auch die Sehnsucht, von negativen Strömungen geschützt zu werden. Die frühen Mönche segneten Gegenstände, die ihnen suspekt vorkamen. Und oft genug zerbrachen sie, weil sie von Dämonen besetzt waren. Der hl. Benedikt sprach den Segen über den Becher mit Wein, den man ihm reichte. Sofort zersprang der Becher. Der Segen schützt also vor den negativen Absichten, die Menschen in diese Dinge hineingelegt haben.

Wenn ich den Segen über das Kreuz spreche, dann wird das Kreuz zum Träger all der Worte, die ich in das Kreuz hineinlege. Segen heißt, daß ich zuerst Gott preise, um einen positiven und heilenden Raum zu schaffen. Dann lege ich den Segen hinein, die Zusage Gottes, daß Gott mit diesem Menschen ist. Ich versuche auch über die Gegenstände nicht einfach einen vorformulierten Segen zu sprechen, sondern den Menschen einen persönlichen Zuspruch zu geben, der der Symbolik des Gegenstandes entspricht. Über das Kreuz bete ich in etwa:

Barmherziger und guter Gott, segne dieses Kreuz und segne meine Schwester (meinen Bruder), die es in ihrer Wohnung aufhängt oder die es über ihrem Herzen trägt. Laß das Kreuz für sie ein Zeichen für die Liebe sein, mit der dein Sohn Jesus Christus sie am Kreuz bis zur Vollendung geliebt hat. Das Kreuz sei für sie Zusage, daß alles in ihr geliebt ist, daß es nichts in ihr gibt, das nicht von deiner vergebenden Liebe umfaßt ist. Das Kreuz schütze sie vor allen Gefahren und zeige ihr, daß du das Haus ihres Herzens vor allem bewahrst, was ihr schaden könnte. Erinnere sie durch das Kreuz daran, daß dein Sohn Jesus Christus auch für sie gestorben ist, weil sie in deinen Augen wertvoll und kostbar ist. So segne dieses Kreuz und in diesem Kreuz meine Schwester der gütige und barmherzige Gott, der Vater, der Sohn und der Heilige Geist. Amen.

Bei Eucharistiefeiern legen die Teilnehmer manchmal Gegenstände auf den Altar, die ihnen wichtig sind. Die einen legen ihren Ehering zum Segen hin, andere eine Kerze, die sie gekauft haben, andere eine Bildkarte mit einem Spruch, der sie berührt, oder einen Engel, den man in die Hand nehmen kann, oder das Bildnis eines Heiligen, das sie dem schenken möchten, der diesen Namen trägt. Ich versuche im Segen das auszudrücken, was diese Gegenstände in sich an Symbolik tragen:

Der Ring möge meine Schwester mit Gottes Liebe umschließen, damit diese Liebe alles zusammenhält, was in ihr oder zwischen ihr und ihrem Mann auseinanderstrebt. Er möge die innere Zerrissenheit heilen. Und er möge sie und ihren Mann immer enger zusammenschließen, damit das Band der göttlichen Liebe sie in dir vereine. Er erinnere sie an die innere Quelle der Liebe, die in ihr und in ihnen sprudelt und die nie versiegt, weil sie göttlich ist. Runde in ihr ab, was kantig und hart geworden ist. Erneuere in ihr die Treue zu dem, was sie ihrem Mann vor Gott versprochen hat. Und zeige ihr, daß du treu bist und zu ihr stehst, auch wenn sie schwach wird und fällt.

Der Ehering ist ja schon einmal bei der Trauung gesegnet worden. Die Frau, die ihn auf den Altar legt, bittet darum, daß dieser Segen in ihr wieder lebendig werde, daß er von neuem ihr Leben bestimme. In der Kerze stellen die Leute ihre Sehnsucht vor Gott, daß durch ihre Flamme ihr Leben heller und heiler werde, daß Gott ihre Dunkelheit, ihre Depression erleuchten möge und daß er in ihre Kälte Wärme und Liebe bringe. Im Bild eines Heiligen möchten sie, daß das Heil, das Gott an diesem Menschen gewirkt hat, sich auch an ihnen erweise, daß sie etwas von der Qualität dieses Heiligen im eigenen Leben verwirklichen könnten. Der Heilige möge sie in Berührung bringen mit dem Heiligen, das auch in ihnen ist und von dem her alles andere heil werden könnte. Wenn die Leute einen Engel bringen, dann sehnen sie sich danach, daß ein Engel sie immer und überall begleite. Indem sie die Engelfigur in die Hand nehmen, möchten sie handfest die Zusage Gottes erfahren: »*Ich werde einen Engel schicken, der dir vorausgeht. Er soll dich auf dem Weg schützen und dich an den Ort bringen, den ich bestimmt habe. Achte auf ihn und hör auf seine Stimme.*« (Exodus 23,20f)

Wenn ein Priester den Primizsegen spendet

Ein Mitbruder erzählt von der Primiz, seiner feierlichen ersten Messe nach der Priesterweihe. Die eindrücklichste Erfahrung war für ihn, wie viele Menschen zu ihm kamen, um von ihm den Primizsegen zu erhalten. Und er hat sich gefragt, was hinter diesem Bedürfnis wohl steckt. Früher kannte man den Spruch, um einen Primizsegen zu erlangen, solle man sich ein paar Schuhsohlen ablaufen. Doch was bewegt die Menschen heute, da die Verherrlichung des Priesters längst vorbei ist, einen Primizsegen zu bekommen? Schon das Wort Primiz drückt aus, daß da etwas Neues, Frisches, Unverbrauchtes einströmt in das Leben eines Menschen. Die Menschen, die einen Primizsegen empfangen, vertrauen darauf, daß der Neupriester behutsam umgeht mit seinem Segen. Und sie ahnen, daß durch die Priesterweihe etwas eingebrochen ist in das Leben dieses jungen Mannes, an dem sie gerne teilhaben möchten. Es ist das Heilige, das sie mit dem Neupriester verbinden. Der Priester hat teil am Heiligen. Er ist zum Ausspender des Heiligen geworden. Nur das Heilige vermag zu heilen. So sehnen sich die Menschen danach, daß etwas Heiliges über sie komme, das ihre Wunden zu heilen vermag, etwas Heiliges, in dem sie sich geschützt wissen mitten in einer unheilen Welt, in dem sie herausgenommen werden aus der Tretmühle des Alltags und das berühren, wonach sie sich in der Tiefe ihres Herzens sehnen. Vielleicht kennst du in dir auch die Sehnsucht, daß dein Leben gesegnet sei, daß es unter Gottes segnender Hand stehe, daß es teilhabe an der Fülle Gottes, daß es durch den Segen Gottes aufblühe.

Wenn ich mich an meine eigene Primiz vor 33 Jahren erinnere, so hat es mich auch sehr bewegt, als junger Mann meinen Eltern und Verwandten, aber auch vielen alten und jungen Menschen den Primizsegen zu spenden. Ich spürte, daß die Menschen Vertrauen hatten in diesen Segen. Ich war beschämt, weil ich wußte, daß ich mit meinen 26 Jahren den Menschen nichts geben konnte. Doch ich versuchte, darauf zu vertrauen, daß durch mich etwas von Gottes Segen hindurchströmt zu den Menschen. Ich erlebte mich als Kanal, durch den Gottes Liebe zu den Menschen strömte. Und ich dachte: Eigentlich gilt das, was die Menschen vom Neupriester erwarten, für jeden Menschen. Jeder darf für den anderen zum Kanal werden, durch den Gottes Geist hindurchfließt, um die Menschen mit göttlicher Liebe und göttlichem Segen zu erfüllen.

Wie biblische Geschichten
Segen deuten

In den letzten Jahren ist vor allem in der evangelischen Kirche ein neues Interesse am Thema des Segens erwacht. Zwei Themen beschäftigen protestantische Theologen: zum einen der Segen als Segensgestus. Segnen ist mehr als mit Worten beten, es drückt sich in einer Gebärde aus. Der Segen ist für die Menschen sinnlich erfahrbar. Und zum anderen hat man Gott als Schöpfer neu entdeckt. Das heißt, Gott ist nicht nur der Erlöser, sondern auch der Schöpfer, und als Schöpfer hat er die Menschen gesegnet und ihnen Anteil gegeben am Reichtum seiner Schöpfung.

Segen und Fruchtbarkeit

Der Segen ist ein zentrales Thema der Bibel. Schon bei der Erschaffung des Menschen segnet Gott Adam und Eva: »*Gott segnete sie und Gott sprach zu ihnen: Seid fruchtbar und vermehrt euch.*« (Genesis 1,28) Der Segen hat hier etwas mit Fruchtbarkeit zu tun, mit Mehrung und Steigerung des Lebens. Die ganze Schöpfung ist ein einziger Segen Gottes. Gott beschenkt den Menschen und läßt sein Leben Frucht bringen. Darin besteht eine Ursehnsucht des Menschen, daß sein Leben nicht nutzlos und fruchtlos bleibe. Wenn es aufblüht, wenn es Frucht bringt in den Kindern oder in einem Werk, dann sieht der Mensch einen Sinn in seinem Leben. Der Segen ist eine Zusage Gottes an den Menschen, daß sein Leben unter dem Schutz Gottes steht und Anteil hat an der schöpferischen Kraft Gottes, die sich im Menschen ausdrückt und Frucht bringt.

Die große Not des Menschen besteht darin, daß ihm sein Leben sinnlos vorkommt und daß es ohne Frucht bleibt. Eheleute leiden oft unter ihrer Kinderlosigkeit. Unverheiratete Menschen haben manchmal den Eindruck, daß sie nichts in dieser Welt hinterlassen. Sie können weder Kinder noch ein großes Werk vorweisen. Es ist eine Ursehnsucht, daß das Leben Frucht bringt. Damit der Mensch mit sich in Einklang kommt, braucht er das Gefühl, etwas zu erzeugen, etwas Bleibendes zu schaffen. Das müssen nicht Kinder sein oder ein großes Werk, das für alle sichtbar wird.

Aber jeder braucht die Gewißheit, daß er mit seinem Leben Frucht bringt, daß er mit seinem Leben eine Spur in diese Welt eingräbt, die nur durch ihn eingegraben werden kann.

Von einer schwangeren Frau sagen wir, daß sie gesegneten Leibes sei. Was für sie gilt, ist auch eine Zusage an jeden von uns. Wir sind gesegneten Leibes. In unserem Leib drückt sich Gottes Segen aus. Und durch unseren Leib soll Segen in diese Welt fließen, etwas, das nur durch uns in dieser Welt aufblühen und sichtbar werden kann. Der amerikanische Psychologe Erik Erikson nennt das Generativität. Sie ist Ausdruck eines reifen Menschen. Zum Gelingen des Menschseins gehört es, daß ich etwas schaffe, was mich überdauert und übersteigt. Wenn ich mit dem Bewußtsein, gesegneten Leibes zu sein, an meine Arbeit gehe oder die Begegnungen mit Menschen erlebe, dann werde ich es im Vertrauen tun, daß von mir Segen ausgeht, daß meine Arbeit für andere zum Segen wird, und daß das Gespräch oder der liebende Blick im anderen Leben hervorlockt. Als Gesegneter darf ich Quelle des Segens sein. Das gibt meinem Leben einen neuen Geschmack, den Geschmack des Segens und nicht den bitteren Geschmack des Fruchtlosen und Wertlosen.

Ich wünsche dir, lieber Leser, liebe Leserin, daß du dich von deiner Geburt an von Gott gesegnet weißt. Über dir steht von Anbeginn an Gottes Segen und sagt dir: »Es ist gut, daß es dich gibt. Du bist willkommen auf dieser Erde. Lebe dein Leben und sei fruchtbar!« Danke Gott, daß er dich so geschaffen hat, wie du bist, und für alles, was er dir in deinem Leben schon geschenkt hat. Die Dankbarkeit wird dir einen neuen Geschmack verleihen, den Geschmack von Lebendigkeit und Freude.

Abraham als der Gesegnete

Der Urvater Israels und der Vater des Glaubens ist Abraham. Ihm verheißt Gott: »*Ich werde dich zu einem großen Volk machen, dich segnen und deinen Namen groß machen. Ein Segen sollst du sein. (…) Durch dich sollen alle Geschlechter der Erde Segen erlangen.*« (Genesis 12,2f) Hier besteht der Segen nicht nur in der Fruchtbarkeit, sondern in der Erwählung. Abraham ist etwas Besonderes. Er wird von Gott erwählt zum Stammvater eines großen Volkes. Segen hat immer mit Erwählung zu tun. Wenn ich einen Menschen segne, weiß er sich von Gott erwählt. Wählen hängt mit Wollen zusammen. Der Gesegnete und Erwählte weiß sich von Gott gewollt, er weiß sich bedingungslos angenommen und bejaht. Oft verbindet die Bibel den Segen Gottes mit einem neuen Namen. Auch Abraham bekommt einen neuen Namen. Der Segen stiftet eine neue Identität. Der Mensch fühlt sich nicht mehr mit irgendeinem Makel behaftet. Er wird von Gott selbst mit einem neuen Namen genannt. Er ist ganz und gar von Gott geschaffen, geformt, gebildet, geliebt, angenommen. Er findet seine Identität in einer intensiven Beziehung zu Gott. Er weiß, daß er nicht leben kann ohne diese freundschaftliche Beziehung zu Gott, der seinem Leben Fruchtbarkeit verleiht.

Erwählung heißt auch, daß Gott dem Menschen etwas zutraut. Gott mutet Abraham zu, daß er ausziehen soll aus seinem Land, aus seiner Verwandtschaft und aus seinem Vaterhaus. Die Mönche haben diesen Auszug als Urbild für jeden Menschen gesehen. Jeder Mensch muß ausziehen aus allen Abhängigkeiten, aus den Gefühlen der Vergangenheit und aus dem Sichtbaren, mit dem er sich gerne identifiziert. Aber das Wagnis des Auszugs kann nur der eingehen, der weiß, daß er unter dem Segen Gottes steht. Im Ausziehen läßt er ja alles los, womit er sich bisher gesegnet fühlt: seinen Besitz, seine Eltern, seine Freunde, alles, was ihm vertraut ist. Unter dem Segen Gottes stehen heißt: unter seiner schützenden Hand seinen Weg gehen – im Vertrauen, daß Gott in ihm Neues schafft und sein Leben gelingen läßt. Abraham ist kein fehlerfreier Mensch, genauso wie wir als die Gesegneten immer noch voller Fehler und Schwächen sind. Oft genug leiden wir an unseren Schwächen. Wir fühlen uns zerrissen. Der Segen hält zusammen, was wir nicht zusammenbringen.

So wünsche ich dir, daß du dich von Gott gesegnet und erwählt weißt, und daß der Segen Gottes alles in dir verbindet, was dich manchmal zu zerreißen droht. Gott segne dich, damit du wie Abraham voll Vertrauen deinen Weg gehen kannst und dich immer und überall von Gottes schützender Nähe umgeben weißt.

»*Ein Segen sollst du sein*«, sagt Gott zu Abraham. Das ist die schönste Zusage, die einem Menschen zuteil werden kann: Segen für andere sein, zur Quelle des Segens für andere werden. Wir sagen manchmal von einem Menschen, er sei für die Gemeinschaft, für die Firma, für das Dorf ein Segen. Von manchen Kindern sagt man, sie seien ein Segen für die Familie. Wir meinen dann, dieses Kind habe etwas an sich, das anderen guttut.

Vielleicht hat es ein sonniges Gemüt. Oder es geht Frieden von ihm aus. Oder es ist etwas Lauteres und Reines in ihm, an dem sich alle freuen. Jede Gemeinschaft braucht Menschen, die ein Segen für sie sind. Ohne gesegnete Menschen vermag eine Gemeinschaft auf Dauer nicht zu bestehen.

Wenn wir von einem Erwachsenen sagen, daß er ein Segen für die Gemeinschaft ist, dann denken wir auch an den positiven Einfluß, der von ihm ausgeht. Von so einem Menschen geht Hoffnung aus für die anderen. Er wirkt versöhnend und nicht spaltend. Und von ihm gehen neue Ideen aus. Von seiner Schaffenskraft, von seiner Kreativität leben auch ein Stück weit die anderen. Ohne ihn würde die Gemeinschaft auseinanderbrechen. Ein gesegneter Mensch verbindet Menschen miteinander. Er gibt den Segen weiter, den er empfangen hat.

Verliebte machen die Erfahrung, daß der Freund oder die Freundin für sie zum Segen wird. Verliebte blühen auf. In der Nähe des Freundes lernen sie, sich selbst anzunehmen. Da wächst ein neues Selbstvertrauen. Das Dunkle hellt sich auf, das Hoffnungslose verschwindet. Das Trostlose weicht. Auf einmal bekommt das Leben wieder Phantasie und Kreativität. Man entwickelt neue Ideen. Das Erstarrte wird lebendig.

Manche Menschen haben den Eindruck, daß ihr Arzt, ihre Therapeutin oder ihr Seelsorger für sie ein Segen sind. Von ihrer Seelsorgerin geht etwas aus, das ihrer Seele guttut. Da verlieren sich die Selbstzweifel, da hören die Selbstentwertungen und Selbstverurteilungen auf. Da bekommen sie neue Hoffnung, daß ihr Leben gelingt.

Auch du, lieber Leser, liebe Leserin, bist ein Segen für andere. Das traut Gott dir zu. Du mußt nicht etwas leisten, damit du zum Segen für andere wirst. Du brauchst nur ganz du selbst zu sein. So wie du bist, in deiner Einmaligkeit, bist du ein Segen für andere. Höre auf, dich zu entwerten, und sei dankbar dafür, daß Gott dich zur Quelle des Segens für andere erwählt hat.

Der nächtliche Segen für Jakob

Die Bibel erzählt uns eine eigenartige Geschichte. Es ist die Geschichte vom nächtlichen Segen, den Jakob gerade von dem Mann empfängt, der die ganze Nacht mit ihm gekämpft hat. Als junger Mann hatte sich Jakob von seinem Vater Isaak den Erstgeburtssegen erschlichen und damit seinen Bruder Esau gegen sich aufgebracht. Dieser

Segen erscheint hier wie etwas Greifbares, etwas, das man nicht zweimal vergeben kann. Jakob ist gegenüber seinem Bruder Esau im Vorteil. Der Erstgeburtssegen besteht darin, daß Jakob nun über seine Brüder herrschen soll.

Jakob scheint alles zu glücken. Er zieht mit großem Besitz, mit seinen zwei Frauen und vielen Kindern nach Hause. Doch da wird ihm gemeldet, daß sein Bruder Esau ihm entgegenziehe. Jetzt bekommt er es mit der Angst zu tun. Esau steht für den Schatten des Jakob. Jakob muß sich seinem Schatten stellen, damit sein Leben wirklich zum Segen wird. Das schildert uns die Bibel in dem nächtlichen Kampf Jakobs mit einem dunklen Mann, der sich dann als Engel Gottes zu erkennen gibt. Beide ringen in der Nacht miteinander, ohne daß einer den Sieg davonträgt. Als die Morgenröte aufsteigt, bittet der Engel Jakob, er solle ihn loslassen. Da entgegnet Jakob: *»Ich lasse dich nicht los, wenn du mich nicht segnest.«* (Genesis 32,27) Jakob ringt um den Segen. So wichtig ist es ihm, von Gott gesegnet zu werden, daß er darum kämpft, als ginge es um Leben und Tod. Gott selbst segnet den Jakob und gibt ihm einen neuen Namen: *»Nicht mehr Jakob (Betrüger) wird man dich nennen, sondern Israel (Gottesstreiter).«* (Genesis 32,29)

Es ist ein Paradox, daß gerade das, was mir gefährlich wird und mich bekämpft, mich segnen soll. Gott erscheint dem Jakob zunächst gar nicht als der Segnende, sondern als der, der ihn in Frage stellt, der sich ihm in den Weg stellt. Psychologisch gesehen ist es eine Schattenbegegnung. Bevor sich Jakob mit seinem Bruder Esau aussöhnen kann, muß er erst dem Schatten in sich begegnen, dem Betrügerischen, dem Falschen, der eigenen Lebenslüge. Und gerade die Begegnung mit dem eigenen Schatten wird dann für ihn zum Segen. Sein Leben bekommt eine neue Qualität. Er kann sich nicht nur mit seinem Bruder versöhnen, sondern er wird zum Stammvater Israels.

Wir meinen, der Segen Gottes begegne uns dort, wo wir Erfolg haben, wo uns alles gelingt. Die Jakobsgeschichte zeigt uns, daß wir den Segen gerade dort erfahren, wo wir am Ende sind, wo wir schmerzlich uns selbst begegnen, der eigenen Verlogenheit, unserer Lebensverweigerung, unserem bodenlosen Egoismus. Wenn wir ja sagen zu uns, so wie wir sind, kann selbst das Schwache und Falsche in uns zu einer Quelle des Segens werden. Gott segnet nicht das Vollkommene, sondern das Unvollkommene, nicht das Ganze, sondern das Zerbrochene. Durch den Segen beginnt der abgehauene Reis wieder zu blühen. Und die Nacht verwandelt sich in hellen Tag.

Gott segnet dich auch dort, wo du dich gescheitert fühlst, dort, wo du an deinen Schwächen leidest, dort, wo Dunkelheit dich umhüllt. Gib dich nicht auf, wenn alles ausweglos erscheint und du nicht weiter weißt und wenn du müde bist vom Kampf. Sage dann wie Jakob trotzig in die Nacht der Dunkelheit und Anfechtung hinein: »Ich lasse dich nicht los, wenn du mich nicht segnest.«

Segen oder Fluch

Im Buch Deuteronomium legt Gott dem Volk Segen und Fluch vor. Gott stellt das Volk vor die Alternative, Segen oder Fluch zu wählen:

»Seht, heute werde ich euch den Segen und den Fluch vorlegen: den Segen, weil ihr auf die Gebote des Herrn, eures Gottes, auf die ich euch heute verpflichte, hört, und den Fluch für den Fall, daß ihr nicht auf die Gebote des Herrn, eures Gottes, hört, sondern von dem Weg abweicht, den ich euch heute vorschreibe, und anderen Göttern nachfolgt, die ihr früher nicht gekannt habt.« (Deuteronomium 11,26–28)

Wir können also selbst wählen zwischen Segen und Fluch. Wenn wir uns an die Gebote halten, wenn wir unserem Wesen als Mensch entsprechend leben, dann werden wir gesegnet. Wenn wir aber gegen unsere Natur handeln und uns von Begierden und Trieben bestimmen lassen, dann entscheiden wir uns für den Fluch. Gott – so meint das Buch Deuteronomium – hat das Verhalten nach den Geboten mit Segen und das Abweichen vom rechten Weg mit Fluch belegt. Und es liegt in unserer Hand, ob wir Segen oder Fluch wählen. Wenn wir uns an Gottes Gebote halten, wird unser Leben gesegnet. Es wird Frucht bringen und aufblühen. Wenn wir uns von Gott abwenden, so erleben wir Fluch. Fluch ist für das Alte Testament immer Schwächung des Lebens. Der Verfluchte fühlt sich von Gott verstoßen und lebt entfremdet von Gott und von sich selbst.

Es gibt aber auch die Erfahrung, daß einer den anderen verflucht. Im Buch Numeri wird von König Balak erzählt, daß er in seiner Angst vor dem Volk Israel den Seher Bileam gerufen habe. Er gab ihm den Auftrag, das Volk Israel zu verfluchen. Wenn das Volk verflucht ist, so hofft er es zu schlagen. Doch Gott befiehlt dem Seher: *»Verfluch das Volk nicht; denn es ist gesegnet.«* (Numeri 22,12) Wen Gott gesegnet hat, den kann ein Mensch nicht verfluchen. Viele Menschen fühlen sich verflucht. Das deutsche Wort »fluchen« kommt von einer Geste, mit der man Verwünschungen verband. Man schlug sich mit der flachen Hand auf die Brust, um auszudrücken, daß man dem anderen Unheil wünscht.

Ich begegne immer wieder Menschen, die den Eindruck haben, sie seien verflucht. Wenn ich dann nachfrage, erzählen sie mir, ihr Vater habe in seinem Zorn geschrien: *»Du sollst es nie zu etwas bringen. Du sollst nie einen Mann bekommen. Du wirst schon sehen, wie du in der Gosse landest.«* Andere sind voller Angst, weil ein Verwandter ihnen gewünscht hat, sie sollten ein behindertes Kind bekommen oder unfruchtbar bleiben. Auch wenn wir mit dem Verstand einsehen, daß diese boshaften Wünsche der Bitterkeit kranker Menschen entspringen, können wir uns ihrer Macht kaum entziehen. In uns ist noch eine Ahnung, daß Worte nicht bloß Worte sind, sondern etwas bewirken. Manchmal fühlen sich verfluchte Menschen innerlich zerfressen. Sie sehnen sich nach dem Segen, der den Fluch auflöst, der auf ihrer Seele lastet. Da genügt es nicht, ihnen zu sagen, der Fluch gelte nicht. Denn er haust in ihrer Seele. Es braucht einen kraftvollen Segen. Ich lege diesen Menschen die Hände auf und spreche in der

Vollmacht Jesu Christi, daß er ihre Seele schütze vor dem verderblichen Einfluß fremder Worte, und daß er sein Wort des Lebens immer tiefer in ihr Herz dringen lasse.

Zu mir kam einmal eine Frau, die in ihrer Kindheit von einem Priester sexuell mißbraucht worden ist. Der Priester hatte sie verflucht. Wenn sie es je einmal einem anderen erzähle, würde sie sterben. Diese Frau traute sich nicht mehr, in die Kirche zu gehen. Sie sehnte sich danach, am Gottesdienst teilzunehmen. Aber sobald sie eine Kirche betrat, kam dieser Fluch auf sie und lähmte sie. Eine Freundin überredete sie, sie solle einmal mit mir sprechen. Als ich freundlich auf sie zuging und ihr die Hand gab, zog sie sie zurück. Nur weil die Freundin mit ins Sprechzimmer ging, wagte sie es, mit mir zu sprechen. Und es brauchte lange, bis sich ihre Lähmung löste und sie Vertrauen fand, das auszusprechen, was auf ihrer Seele lastete. Ich fragte sie, ob ich ihr den Segen geben und dabei die Hände auflegen dürfe. Sie wollte es.

Bei diesem Segen habe ich gespürt, daß da alle eigenen Bedürfnisse, Nähe zu zeigen oder helfen zu können, zurücktreten müssen. Es muß ein reiner Segen sein, in dem ich nur für Gottes Geist durchlässig bin. Und es war mir bewußt, daß der

Segen eine Vollmacht braucht. Ich segne im Namen Gottes. Ich segne mit der Kraft des Kreuzes, an dem Jesus die Macht der Dämonen besiegt hat. Da kommen auch in mir archetypische Bilder hoch, etwa das Bild, daß Christus mit seiner Macht die Frau beschützt, daß ich mit dem Zeichen des Kreuzes die Stirne versiegle, damit nichts Negatives eindringen kann. Und in dieser Situation verstehe ich auf einmal das Wort des hl. Paulus, das mir sonst eher fremd erscheint, daß Jesus Christus für uns am Kreuz zum Fluch geworden ist, um uns vom Fluch zu befreien. (Vgl. Galater 3,13 f)

Vielleicht kennst du auch Fluchworte, die in deiner Seele hängengeblieben sind. Sprich in diese dunklen Worte das Urwort hinein, das dir in der Taufe zugesprochen worden ist: »Du bist mein geliebter Sohn. Du bist meine geliebte Tochter. An dir habe ich mein Gefallen.« Oder sprich den Segenswunsch in dein Herz hinein, mit dem Paulus Timotheus, den Adressaten seiner Briefe, segnet: »Gnade, Erbarmen und Friede von Gott, dem Vater, und Christus Jesus, unserem Herrn.« (2 Timotheus 1,2)

Als Maria ihre Cousine Elisabeth besuchte, wurde Elisabeth vom Heiligen Geist erfüllt. Sie rief aus: *»Gesegnet bist du mehr als alle anderen Frauen, und gesegnet ist die Frucht deines Leibes.«* (Lukas 1,42) Die ältere Frau segnet die jüngere. Beide Frauen sind schwanger. Es ist eine wunderbare Begegnung, die uns Lukas in seinem Evangelium schildert. Lukas hat als Grieche einen Sinn für die Würde der Frau und für ihr Gespür, daß es unsere wichtigste Aufgabe ist, einander zu segnen und füreinander zum Segen zu werden. Frauen sagen von sich selbst, daß sie gesegneten Leibes sind, wenn sie schwanger sind. Frauen wissen um den großen Segen der Schöpfung. In unserer Zeit haben gerade Frauen wieder neue Formen von Segensliturgien entwickelt. Sie segnen einander gerne.

In der Begegnung zwischen Maria und Elisabeth erlebe ich eine zärtliche Dimension in der Beziehung zueinander. Da geht es nicht um Rivalität, wie sie Männer in ihren Beziehungen oft erfahren. Da geht es um die Freude über den anderen und um die Fähigkeit, den Segen Gottes, der allen gilt, gemeinsam zu erleben und sich miteinander darüber zu freuen. Der Segen, den Elisabeth über Maria spricht, macht sie selbst lebendig. Das Kind hüpft in ihrem Leib auf. Ihre Zurückgezogenheit wird in neue Lebendigkeit verwandelt. Und Maria, die Gesegnete, bricht in den Lobpreis des Magnificat aus. Sie gibt den Segen Gott weiter. Segnen heißt: Gott lobpreisen für alles, was er uns getan hat. Gott ist die Quelle allen Segens. Daher gehört zum Segnen das Lob Gottes als unseres Schöpfers und Erlösers und Heilands.

Der Evangelist lädt uns mit dieser Erzählung ein, einander zu segnen. Einander segnen, das kann durch eine Geste geschehen, etwa indem wir dem anderen ein Kreuz auf die Stirn zeichnen. Es kann aber auch einfach durch ein Wort geschehen. Elisabeth segnet Maria, indem sie ihr etwas Gutes sagt. Das griechische Wort für Segnen »*eulogein*« und die lateinische Übersetzung »*benedicere*« heißt: Gutes sagen. Segnen besteht darin, daß ich vom anderen, über ihn und zu ihm etwas Gutes sage. Elisabeth preist Maria als die Frau, die mehr als alle anderen gesegnet ist, die eine unantastbare Würde hat. Im Segnen sieht Elisabeth das Geheimnis dieser jungen Frau und ihres Kindes, das sie in sich trägt. Was Elisabeth von Maria sagt, gilt für jeden von uns. Jeder ist eine gesegnete Frau, ein gesegneter Mann. Jeder steht unter dem Segen Gottes. Jeder ist von Gott als ein besonderer und einmaliger Mensch geschaffen und geliebt.

Elisabeth preist nicht nur Maria, sondern auch die Frucht ihres Leibes. Der Segen, den sie ihrer Cousine zusagt, bezieht sich auf das Kind, das in ihrem Schoß heranwächst. Gesegnet sein heißt, daß in mir etwas Neues aufblüht. Das Kind steht im Traum immer für das Neue und Unverfälschte, das in mir durch alles Uneigentliche und mein Wesen Verstellende durchbrechen möchte. Viele Menschen leiden heute darunter, daß ihr Leben einfach nur so dahinläuft, daß da nichts wesentlich Neues geschieht. Sie fühlen sich verbraucht. Alles geht seinen gewohnten Gang. Wie Maria gesegnet sein, das heißt, daß Gott in mir etwas Neues aufblühen läßt, daß er mich in Berührung bringt mit dem unverfälschten und ursprünglichen Bild, das Gott sich von mir gemacht hat.

Der Engel sagt von dem Kind, das Maria zur Welt bringen soll: *»Das Kind wird heilig und Sohn Gottes genannt werden.«* (Lukas 1,35) Unser innerster Kern, das unversehrte Bild Gottes in uns ist heilig. In jedem von uns ist etwas Heiliges, über das die Menschen nicht verfügen können. Denn das Heilige ist ja gerade das der Herrschaft der Welt Entzogene. Für die Griechen vermag nur das Heilige zu heilen. Der Engel spricht auch uns zu, daß in uns etwas Heiliges ist, etwas, das heil ist und ganz, unversehrt und von Schuld nicht infiziert.

Wenn du mit dem Heiligen in dir in Berührung bist, dann wirst du auch heilend auf die Menschen wirken. Dann wirst du – gesegnet wie Maria – auch zum Segen für andere werden. Ich wünsche dir, daß du wie Maria ja sagen kannst, daß Gott dich gesegnet hat und dir ein Kind schenkt, das heilig genannt wird. Es ist ein Geheimnis, das da in dir geschieht, wenn das göttliche Kind in dir geboren wird. Das Geheimnis braucht dein Wort des Glaubens, das Maria dir vorgesprochen hat: »Siehe, ich bin die Magd des Herrn; mir geschehe, wie du es gesagt hast.« (Lukas 1,38)

Der Segen des greisen Simeon

Lukas erzählt uns noch eine schöne Segens-geschichte. Als Maria und Joseph ihr Kind in den Tempel bringen, begegnen sie dort dem greisen Simeon. Simeon nimmt das Kind in seine Arme, um es zu segnen. Und indem er Gott lobt, sagt er wunderbare Worte über das Kind. In diesem

Kind haben seine Augen das Heil gesehen, das Licht, das die Heiden erleuchtet, und die Herrlichkeit Israels. Es ist wohl das Schönste, was man von einem Menschen sagen kann: »*Wenn ich dich sehe, sehe ich das Heil, das Gott den Menschen bereitet.*« Jeder Mensch hat als seine tiefste Bestimmung, daß er anderen zum Heil gereicht, daß andere durch ihn heil werden und ganz.

Mit Simeon möchte ich dir zusagen: »*In dir sehe ich Licht. Du bist ein Lichtblick in dieser Welt. Du machst meine Augen hell. Du bist Herrlichkeit. In dir leuchtet Gottes Schönheit auf.*

In dir strahlt etwas von Gottes Liebe in diese Welt aus. Durch dich wird die Welt heller und wärmer. In deiner Nähe wird es mir warm ums Herz.« *Vielleicht denkst du, das stimmt nicht von mir. Doch die segnenden Worte des Simeon gelten auch dir. Denn auch du bist gesegnet wie das Kind Marias.*

Als das Kind, das Simeon gesegnet hat, zum Mann herangewachsen war, da hat es andere Kinder gesegnet. Die Leute hatten offensichtlich den Eindruck, daß dieser Jesus von Nazaret ein gesegneter Mensch sei. So brachten sie ihre Kinder zu ihm, daß er ihnen die Hände auflege und sie segne. (Markus 10,13–16) Sie wollten, daß ihre Kinder am Segen dieses Mannes Jesus teilhätten. Sie spürten, daß die Nähe Jesu ihnen selbst und ihren Kindern guttat, daß von Jesus Segen ausging, Annahme, Ermutigung, Leben und Liebe. Jesus nimmt die Kinder in die Arme, legt ihnen die Hände auf und segnet sie. Es ist eine zärtliche Geste des Segnens. In der Umarmung zeigt ihnen Jesus, daß sie von Gott umarmt und geliebt sind, daß Gottes heilende und liebende Nähe sie immer umgibt. Der Segen wird durch die Umarmung erfahrbar. Die Kinder fühlen sich geliebt, angenommen. Der Segen hat etwas Zärtliches an sich.

Jesus legt ihnen die Hände auf. In der Handauflegung erfahre ich nicht nur Gottes heiligen Geist und Gottes heilende Kraft, die in mich einströmt, sondern auch seinen Schutz. Bei allem, was ich tue, weiß ich, daß Gott selbst seine schützende Hand über mich hält. Die Handauflegung ist die intensivste Segensgebärde. In ihr kann Gottes Liebe leibhaft erfahren werden als zärtliche Berührung und als ein Fließen, das mich durchdringt. Jesus verbindet mit dieser intensiven Segensgebärde der Handauflegung ein gutes Wort, einen Zuspruch. Sein Wort schafft Beziehung und Gemeinschaft. Jesus bietet den Kindern seine persönliche Freundschaft an. Aber er vermittelt ihnen durch den Segen auch, daß sie zum Reich Gottes gehören, daß sie in der heilenden und schützenden Nähe Gottes sind.

Viele Eltern haben die Gewohnheit, ihre Kinder abends vor dem Schlafengehen zu segnen. Wenn das Kind klein ist, erfährt es durch den Segen Geborgenheit und Schutz. Eine Mutter legt dem Kind jeden Abend im Bett schweigend die Hand auf den Kopf und betet für das Kind. Das vermittelt dem Kind die Erfahrung, daß Gott seine gute Hand über es hält, und daß es von Gott gesegnet und geliebt ist. Ein Vater gibt seinen Kindern immer dann, wenn sie für längere Zeit aus dem Haus gehen, ein Kreuzzeichen auf die Stirn. Eine Mutter erzählte mir, daß ihre Kinder ihr immer wieder die Stirn dargeboten hätten, um von ihr den Segen zu empfangen. Sie sehnten sich offensichtlich nach der zärtlichen Zuwendung des Segens. Sie erfuhren darin die Zusage: »*Du bist von Gott gesegnet. Nicht nur ich denke an dich, sondern Gott hält seine zärtliche Hand über dich.*« Als die Kinder älter wurden, hatte die Mutter Hemmungen, ihre Stirn noch mit dem Kreuz zu zeichnen. Doch als sie es unterließ, forderten es die erwachsenen Söhne ein. Es war für sie ein Bedürfnis, den Segen der Mutter zu erfahren. Wonach sehnten sich diese jungen Männer? Da ich

48

sie nicht kenne, kann ich nur vermuten. Doch ich denke, sie wollten leibhaft erfahren, daß sie gesegnet sind, daß sie nicht allein sind, daß nicht nur die Mutter mit ihrer Liebe sie begleitet, sondern auch Gott, der bei ihnen ist, auch wenn sie sich in der Fremde alleine fühlen. So möchte ich den Vätern und Müttern Mut machen, ihre Kinder zu segnen.

Lege in das Kreuzzeichen, in die Handauflegung oder in das segnende Wort deine Liebe, dein Wohlwollen, deine Fürsorge und dein Vertrauen hinein, daß dein Kind von Gott gesegnet ist. Der Segen, den du deinem Kind gibst, befreit dich von der ängstlichen Sorge um das Kind. Du weißt, daß es unter dem Segen Gottes steht, daß es als gesegnetes seinen Weg geht und daß der Segen wie eine schützende Hand ist, die das Kind begleitet und umgibt.

Wenn ich mich zurückerinnere, wie mein Vater mir das Kreuz auf die Stirn machte, wenn ich wieder ins Internat nach Münsterschwarzach fuhr, dann war da nicht nur ein Gefühl von zärtlicher Zuwendung. Mein Vater drückte mit dieser kleinen Geste Gefühle aus, die er sonst nicht so leicht zeigen konnte. Es war auch die Gewißheit, daß der Segen mich begleitet, und daß im Segen auch die Zuwendung des Vaters mich begleitet, wenn ich jetzt wieder in die etwas rauhere Atmosphäre des Internats kam.

Nicht nur Väter und Mütter sollen ihre Kinder segnen. Wir können auch einander segnen. Der Freund kann seiner Freundin das Kreuz auf die Stirn zeichnen und die Freundin dem Freund.

Mit dieser liebevollen Gebärde drücken wir dem anderen gegenüber aus:

»So wie du bist, bist du gut. Alles Gegensätzliche in dir ist von Gottes Liebe berührt. Du gehörst Gott. Es gibt keinen König oder Kaiser über dir. Du bist frei. Und du bist von Gott geschützt. Geh deinen Weg unter dem liebenden Blick Gottes, der dir sagt: Du bist willkommen in dieser Welt. Traue dem Leben. Ich gehe mit dir.«

Gesegnet durch Jesus Christus

Der Epheserbrief versteht das erlösende und befreiende Handeln Gottes in Jesus Christus als Segen. Mit dem Bild des Segens drückt der Autor aus, was Gott in Jesus an uns getan hat. Der Brief beginnt mit einem Lobpreis:

»Gepriesen sei der Gott und Vater unseres Herrn Jesus Christus: Er hat uns mit allem Segen

des Geistes gesegnet durch unsere Gemeinschaft mit Christus im Himmel. Denn in ihm hat er uns erwählt vor der Erschaffung der Welt, damit wir heilig und untadelig leben vor Gott.« (Epheser 1,3f)

Der Segen, mit dem Gott uns gesegnet hat, besteht darin, daß er uns in Jesus Christus erwählt hat. In Jesus hat Gott seinen Blick auf jeden einzelnen von uns gelenkt und uns mit all der Liebe erfüllt, die er seinem Sohn geschenkt hat. Aber in Jesus hat er uns auch berufen, wie er heilig und makellos zu sein vor ihm. Die Liturgie bezieht diesen Satz am Fest Maria Immaculata, am 8. Dezember, auf Maria, die Gottesmutter. Doch zugleich gilt dieser Satz auch von uns. In Jesus Christus sind wir schon heilig und makellos. Dort, wo Christus in uns ist, ist etwas Lauteres und Reines in uns. Da hat die Sünde keine Macht über uns. In Christus hat Gott uns gesegnet und zu uns gesagt:

»Du bist gut. Ich habe dich als gut geschaffen. Und in meinen Augen bist du gut, heilig und makellos. Die Welt hat über dich keine Macht. An dir ist kein Makel. Wenn du in Gemeinschaft mit meinem Sohn bist, ist alles gut an dir.«

Paulus entfaltet diesen großen Segen, der uns in Jesus Christus zuteil geworden ist. Er besteht darin, daß wir in Jesus die Erlösung geschenkt bekommen haben, »*die Vergebung der Sünden nach dem Reichtum seiner Gnade*« (Epheser 1,7). Erlösung meint eigentlich Befreiung, Loskauf. In Jesus sind wir nicht mehr in der Macht von dämonischen Kräften, die uns schaden möchten. In Christus hat auch die Sünde keine Macht über uns. Da sind wir herausgenommen aus ihrem Dunstkreis. Wir brauchen uns nicht mehr selbst zu verurteilen. Denn in Jesus hat Gott uns die Sünden erlassen. Sie hängen nicht mehr an uns, um uns mit Schuldgefühlen zu lähmen. Dort, wo wir in Christus gesegnet sind, zählt die Sünde nicht mehr. Wir müssen sie nicht abarbeiten. Wir können sie einfach loslassen. Der Segen ist stärker als der Fluch, mit dem wir uns oft selbst belegen, wenn wir uns mit Schuldgefühlen zerfleischen und so unsere Lebenskraft schwächen.

Die dritte Wirkung, die der Epheserbrief dem großen Segen in Jesus Christus zuschreibt, ist die »Einweihung in das Mysterium« (Heinrich Schlier 39). Sie wird in Epheser 1,8–10 entfaltet:

»*Durch sie (die Gnade) hat er uns mit aller Weisheit und Einsicht reich beschenkt und hat uns das Geheimnis (mysterion) seines Willens kundgetan, wie er es gnädig im voraus bestimmt hat: Er hat beschlossen, die Fülle der Zeiten heraufzu-*

führen, in Christus alles zu vereinen, alles, was im Himmel und auf Erden ist.«

In Jesus hat uns Gott an seiner Weisheit Anteil geschenkt. Wir haben die Gnosis erlangt, nach der sich damals die Menschen so sehr sehnten. Gnosis, das meint: Erkenntnis, Erleuchtung, wahres Wissen. In Jesus sind wir wissend geworden. Da schauen wir hinter die Dinge. Da erkennen wir unser wahres Wesen. Und dieses wahre Wesen besteht darin, daß Christus in uns ist und alles in uns vereint, was wir oft genug als getrennt erleben: alles im Himmel und auf Erden, das Irdische und Himmlische, das Dunkle und Helle, das Schwache und Kraftvolle, unsere Hinfälligkeit und Gottes Unsterblichkeit. Das Mysterium seines Willens ist: »Christus in uns«. So hat es der Kolosserbrief beschrieben:

»Gott wollte ihnen zeigen, wie reich und herrlich dieses Geheimnis (Mysterium) unter den Völkern ist: Christus ist unter euch, er ist die Hoffnung auf Herrlichkeit.« (Kolosser 1,27)

Man kann es auch übersetzen mit: »*Christus in euch, die Hoffnung auf Herrlichkeit«*. Darin besteht der tiefste Segen, den Gott uns in Christus geschenkt hat. Christus selbst ist in uns. Er ist in uns als der, der das Getrennte und Gespaltene in uns vereinigt. Und er ist in uns als die Hoffnung auf Herrlichkeit. Er ist das Angeld, daß wir in die Gestalt *(doxa)* hineinwachsen, die Gott uns zugedacht hat, daß die Herrlichkeit Gottes in uns rein und klar aufleuchtet.

Meditiere für dich den Beginn des Epheserbriefes und lasse die Worte tief in dich hineinfallen: »Er hat uns mit allem Segen seines Geistes gesegnet durch unsere Gemeinschaft mit Christus im Himmel. Denn in ihm hat er uns erwählt vor der Erschaffung der Welt, damit wir heilig und untadelig leben vor Gott.« (Epheser 1,3f) Bei der Meditation sollst du weniger über die Worte nachdenken, sondern die Worte in dein Herz aufnehmen in dem Glauben: »Das ist die Wahrheit. Das ist die eigentliche Wirklichkeit. Ich bin gesegnet. Ich bin von Gott auserwählt, ausgesucht, bedingungslos geliebt. Dort, wo der Segen Gottes auf mir ruht, bin ich heilig und makellos.«

Aus dem Schatz der Segensformen

In der christlichen Tradition haben sich verschiedene Formen des Segnens herausgebildet. Wir segnen mit dem Kreuz, mit Weihwasser oder mit Worten. Und es gibt die verschiedenen Segensgebärden der Hände: die ausgebreiteten Hände und die Handauflegung.

Die Kraft des Kreuzes ruht auf dir

Das deutsche Wort »segnen« kommt von zwei lateinischen Wörtern: von *signare* und *secare*. *Signare* heißt: bezeichnen. *Signum* ist das Zeichen. Die Kirchensprache meint damit immer das Kreuzzeichen. Und *secare* heißt: ritzen, schneiden. Die frühen Christen bezeichneten sich schon im ersten Jahrhundert mit dem Kreuzzeichen. Und manche tätowierten sich das Kreuz auf die Stirn. Manche jungen Menschen tätowieren sich heute negative Bilder ein. Sie tun ihrer Seele nicht gut.

Die frühen Christen sahen im Kreuz ein Schutzzeichen gegen alles Böse und ein Zeichen von Gottes Liebe, die alles in ihnen berührt und verwandelt. Das Kreuz war für die frühen Christen nicht so sehr ein Symbol für das Leiden Christi. Vielmehr übernahmen sie die Deutung des Johannesevangeliums, in dem der Tod Jesu am Kreuz die Vollendung der Liebe ist. Das Kreuz ist ein Zeichen dafür, daß Jesus uns bis zur Vollendung geliebt hat, daß er alles in uns liebt. Das Kreuz ist ein Bild für die Gegensätze in uns, an denen wir oft genug leiden. Wenn ich mich mit dem Kreuz bezeichne, dann bekenne ich, daß alles Gegensätzliche in mir von Gottes Liebe berührt ist. Es gibt nichts, was von Gottes Liebe ausgeschlossen ist. Durch das Zeichen des Kreuzes vergewissere ich mich leibhaft der Liebe Gottes.

Das große Kreuzzeichen geht von der Stirn bis zum Unterbauch und von der linken Schulter zur rechten. Ich ritze die Liebe Gottes in meine Stirn, damit mein Denken nicht kalt und berechnend ist, sondern von Liebe durchdrungen. Der Unterbauch steht für die Vitalität und Sexualität. Auch in diesem Bereich zeichne ich die Liebe Gottes hinein. Es gibt nichts in mir, was nicht von Gottes Liebe angenommen und erfüllt ist. Und ich drücke in dieser Gebärde die Hoffnung aus, daß

Gottes Liebe meine oft mit Besitzenwollen vermischte Liebe verwandle und reinige. Die linke Schulter bezeichnet einmal das Unbewußte, dann das Weibliche in mir, und auch das Herz, den Sitz der Liebe, das Zentrum der Person. Die rechte Schulter ist Bild für das Bewußte, für das Männliche und für das Handeln. Mit dem Kreuzzeichen segne ich alle Bereiche meines Leibes und meiner Seele. Der Segen Gottes, der am Kreuz am deutlichsten offenbar geworden ist, durchdringt alles in mir, das Denken, die Vitalität und Sexualität, das Unbewußte und Bewußte, das Helle und das Dunkle. Im Kreuzzeichen mache ich mir immer wieder bewußt, daß ich von Gott gesegnet bin. Ich darf mich selbst segnen, weil Gott alles in mir unter seinen Segen gestellt hat.

Im Anschluß an ein Gebet aus der syrischen Kirche verbinde ich das Kreuzzeichen gerne mit folgenden Worten:

»Im Namen des Vaters, der mich ausgedacht und gebildet hat; und des Sohnes, der hinabgestiegen ist in meine Menschlichkeit; und des Heiligen Geistes, der das Linke zum Rechten wendet.«

Im Kreuzzeichen erfahre ich den Segen, der mir durch die Schöpfung und durch die Menschwerdung und Erlösung in Jesus Christus zuteil wird. Und ich erfahre, daß ich hineingenommen bin in das Leben und die Liebe des dreifaltigen Gottes. So wie Gott dreifaltig ist, so gibt es auch in mir drei Bereiche, in die Gott eindringen möchte: den Geist, die Seele und den Leib. Ich erlebe Gott als den Vater, der mich erschaffen hat und der mir einen kreativen Geist gegeben hat, damit ich selbst schöpferisch bin. Ich erlebe den Sohn als den, der vom Himmel herabsteigt und sich – so zeigt es uns Johannes in der Fußwaschung – bis in den Staub der Erde hinabbeugt, um mich gerade an meiner verwundbarsten Stelle zu heilen. Das Kreuzzeichen ermutigt mich, mit Christus selbst hinabzusteigen in meine eigene Menschlichkeit mit ihren Trieben und Begierden. Nur so kann das Triebhafte verwandelt werden. Und ich erlebe den Heiligen Geist als den, der das Zerrissene und Gespaltene in mir verbindet, der das Herz mit dem Handeln verbindet, das Unbewußte mit dem Bewußten, das Männliche mit dem Weiblichen, das Starke mit dem Schwachen, das Erfolgreiche mit dem Erfolglosen. Der Heilige Geist macht mir Mut, alles in mir anzunehmen und nichts abzuspalten.

Eine andere Form des Kreuzzeichens wird in der Liturgie vor dem Evangelium praktiziert. Ich zeichne mit dem Daumen das Kreuz auf meine Stirne, auf meinen Mund und auf meine Brust. Ich drücke damit aus, daß das Wort Gottes zum Segen wird für mein Denken, daß es mein eigenes Reden prägt und tief in mein Herz eindringt. Wenn Personen sich einander segnen, tun sie es oft, indem sie sich gegenseitig das Kreuz auf die Stirn zeichnen. In vielen Haushalten ist es noch üblich, in das Brot, das man anschneidet, ein Kreuz zu ritzen. In der frühen Kirche hat man das Werkzeug mit diesem Kreuzzeichen versehen und alle Gegenstände, die einem wichtig waren. In der Liturgie ist die übliche Weise des Segnens, daß man das Kreuzzeichen macht. Wenn der Priester am Schluß der Eucharistiefeier den Segen spendet, dann zeichnet er mit seinen Händen ein Kreuz über die Gemeinde.

Geweihtes Wasser wird zur Quelle

In den liturgischen Feiern segnet der Priester oft, indem er Menschen oder Gegenstände mit Weihwasser besprengt. Bei der Hochzeit segnet er die Ringe der Brautleute zuerst mit Worten, dann mit dem Kreuzzeichen und dann besprengt er sie mit Weihwasser. Ob es der Wein ist, der am Fest des hl. Johannes gesegnet wird, oder die Kerzen, die an Mariä Lichtmeß gesegnet werden, oder die

Osterspeisen am Ostersonntag, immer geschieht es mit Weihwasser. Das Wasser erinnert an die Schöpfung durch Gott. Am Anfang schwebte Gottes Geist über den Wassern. (Vgl. Genesis 1,1) Die Dinge, die mit Wasser besprengt werden, sollen ihre ursprüngliche Bedeutung erlangen. Gott hat sie als gut geschaffen. Sie sollen dem Menschen dienen. Sie sollen die Bedeutung, die Gott in sie hineingelegt hat, auch für den Menschen bekommen. Und sie sollen geschützt sein vor dem Mißbrauch durch uns Menschen, die diesen Dingen gerne eine andere Bedeutung geben möchten.

Der Wein soll das Herz des Menschen erfreuen, ohne ihn zu berauschen. In den Osterspeisen sollen wir das Leben genießen, anstatt uns vollzustopfen. Der Ring soll nicht fesseln, sondern in Treue aneinander binden und das Auseinanderstrebende zusammenhalten. Und Wasser hat mit Fruchtbarkeit zu tun. All die Dinge, die mit Wasser besprengt werden, sollen für uns Frucht bringen.

In der Osternacht weiht der Priester das Wasser und geht dann durch die Kirche und besprengt alle Gottesdienstbesucher mit dem geweihten Wasser. Früher war es üblich, vor jeder Eucharistiefeier das Volk mit Weihwasser zu besprengen. Dabei sang man das »Asperges me«. »Besprenge mich, o

Herr, mit Ysop, und ich werde rein; wasche mich, und ich werde weißer als der Schnee.« Man verband mit diesem Ritus also die Vorstellung der Reinigung. Wasser reinigt. Und vor der Eucharistiefeier hatten die Menschen das Gefühl, daß sie sich von der Verschmutzung reinigen sollten, die sie während der Woche erfahren hatten: die emotionale Verschmutzung durch negative Gefühle, die von außen auf sie einströmen, die Verunreinigung durch Sünde und Schuld und die Trübung durch die Bilder und Erwartungen, die andere ihnen übergestülpt hatten. Zugleich soll das Wasser uns in Berührung bringen mit der inneren Quelle, die in uns sprudelt. Es soll unser Leben fruchtbar werden lassen und uns davor bewahren, innerlich auszutrocknen und starr zu werden.

In jeder Kirche steht am Eingang ein Weihwasserbecken. Viele nehmen Weihwasser, sobald sie die Kirche betreten, und bekreuzigen sich damit. Es erinnert sie an die Taufe, in der sie mit Wasser übergossen wurden. Wenn ich morgens um 5.00 Uhr unsere Abteikirche betrete, nehme ich bewußt das Weihwasser und zeichne damit das Kreuz in alle Bereiche meines Leibes und meiner Seele. Ich bitte Gott dabei, daß mein Leben an diesem Tag Frucht bringen möge. Und ich bitte ihn zugleich, all die Bilder abzuwaschen, die mein Wesen verstellen. Ich kenne in mir falsche Bilder, mit denen ich mein wahres Selbst trübe. Es sind Größenphantasien, als ob ich etwas Besonderes wäre. Es sind die Bilder des Erfolgreichen, des Spirituellen, des Weisen. Ich spüre, daß ich all diese Bilder ablegen muß, um authentisch leben zu können. Ich betrete die Kirche als der, der ich bin, mit meinen Schwächen und Stärken, mit dem Guten und auch mit den Gefährdungen, denen ich ausgesetzt bin und oft genug erliege. Und das Weihwasser erinnert mich daran, daß ich getauft bin, daß ich durch das Wasser des Todes hindurchgeschritten bin, daß ich mich nicht mehr von der Welt her definiere, sondern von Christus her, daß ich Christus gleichsam als Gewand angezogen habe. Als Jesus aus dem Wasser des Jordan stieg, hörte er von Gott die Worte: *»Du bist mein geliebter Sohn, an dir habe ich Gefallen gefunden.«* (Markus 1,11) Indem ich mich mit dem Weihwasser bekreuzige, vergewissere ich mich, daß ich bedingungslos angenommen und geliebt bin.

Viele Christen haben auch an ihrer Haustür ein Weihwasserbecken. Wenn sie nach draußen gehen und wenn sie heimkommen, nehmen sie Weihwasser. Das ist ein gutes Schwellenritual. Die Menschen hatten früher noch ein besonderes Bewußtsein für die Schwelle. Über eine Schwelle zu treten bedeutete, in einen anderen Bereich einzutreten, in einen oft unbekannten und gefährlichen Bereich oder in den Bereich des Heiligen. Die Schwelle des Tempels gilt in vielen Kulturen als heilig. Sie kann nicht überschritten werden, ohne daß man sich bestimmten Reinigungsritualen unterzieht. Dieses uralte Wissen wirkt weiter in dem Brauch, an der Schwelle des Hauses ein Weihwasserbecken aufzustellen. Indem ich beim Hinausgehen Weihwasser nehme, drücke ich meine Hoffnung aus, daß meine Arbeit Frucht bringt, daß ich bei allem, was ich tue, aus der inneren Quelle des Heiligen Geistes schöpfen kann. Dann werde ich nicht erschöpft nach Hause kommen. Denn die innere Quelle ist unerschöpflich, weil sie göttlich ist. Wenn ich mich beim Heimkommen mit Weihwasser bekreuzige, lasse ich all den Schmutz hinter mir, der sich während des Tages an meine Emotionen gehängt hat. Ich reinige mich von allem Ärger und aller Enttäuschung, damit ich innerlich frei und versöhnt mit mir und meinem Leben mein Haus betrete. Das Haus ist ein Abglanz des Tempels. Es ist nicht nur mein Haus, sondern auch das Haus des Herrn, das Haus, in dem Gott mit mir wohnt. In dieses Haus möchte ich unbefleckt von dem, was mich tagsüber belastet und besudelt hat, eintreten.

Das Ritual des Weihwassers verdeutlicht, was letztlich in jedem Ritual gemeint ist. Das Ritual schließt eine Tür und öffnet eine andere. Die Tür der Arbeit wird geschlossen, damit sie mich daheim nicht mehr belastet. Und die Tür des eigenen Hauses wird geöffnet, damit ich dort wirklich zu Hause sein kann und ich selbst sein darf, daß ich Ruhe und Heimat finde.

Das Wort schafft eine Wirklichkeit

In der christlichen Tradition wird der Segen immer mit einem Wort verbunden. Das griechische *(eulogein)* und das lateinische *(benedicere)* Wort für Segnen meint: Gutes sagen, gut vom anderen sprechen, Gutes zusagen. Die Worte, die wir mit einem Segen verbinden, müssen daher gut gewählt sein. Es gibt viele vorformulierte Segensworte. Sie passen für Gelegenheiten, für die sie gedacht sind. Und oft haben sie eine große Kraft in sich. Es ist gut, den Segen mit diesen vorgegebenen Worten zu spenden. Doch manchmal braucht es auch eigene persönliche Worte, um zu segnen. Das gilt vor allem dann, wenn ich einen Menschen in einer ganz bestimmten Situation segne. Das Wort schafft Beziehung zum anderen. In den Segensworten spreche ich diesem konkreten Menschen zu, was Gott ihm schenken möge, wie Gott ihn sieht und was er für Gott bedeutet. Segnen ist mehr als Fürbitte. Segnen ist Zusage: *»Du bist von Gott geliebt. Gott schätzt dich. Du bist vor ihm wertvoll und kostbar.«* Beim Propheten Jesaja sagt Gott dem Volk Israel zu – und dieses Wort gilt für jeden einzelnen, den wir segnen: *»Weil du in meinen Augen teuer und wertvoll bist und weil ich dich liebe, gebe ich für dich ganze Länder und für dein Leben ganze Völker.«* (Jesaja 43,4)

Das Segenswort tut der Seele gut. Es soll all die verletzenden Worte verdrängen, die wir im Laufe unseres Lebens gehört haben. Wenn die Worte beim Segnen sorgfältig gewählt werden, dann kommt der Gesegnete nicht auf die Idee, Segen sei etwas Magisches. Er spürt, daß sich im Segen Gott selbst gnädig zu ihm herabbeugt, daß Gott seine gute Hand über ihn hält und ihm Worte der Liebe, der Ermutigung, der Bestärkung, der Hoffnung zuspricht. In den Worten kann Gottes Segen in das Herz des Menschen eindringen. Ich erlebe manchmal, wie Menschen zu weinen beginnen, weil sie die Worte berühren, die ich ihnen zuspreche. Ich weiß, daß es nicht an meiner Fähigkeit liegt zu formulieren. Wenn ein Wort den anderen trifft, ist es immer Geschenk. Es ist nie mein

Verdienst. Es ist immer Gnade. Und ich bin dann selbst dankbar, weil ich in diesem Augenblick ganz durchlässig sein durfte für Gottes Gnade und sie nicht mit meinen Nebenabsichten verdunkelt habe.

Auch die Segensworte, die wir über Gegenstände sprechen, wollen gut ausgewählt sein. Die Liturgie kennt sehr schöne Segensworte, wie etwa den Segen über dem Wasser in der Osternacht, der die Bedeutung des Wassers für den Menschen gut zum Ausdruck bringt. Man hat in einem Experiment untersucht, wie Worte die Struktur der Kristalle im Wasser verwandeln. Negative Worte können sie durcheinanderbringen, segnende, gute, wohlwollende und liebende Worte dagegen schaffen wunderbare Strukturen. Die Segensworte wirken, auch wenn wir nur schwer verstehen, wie Worte die Materie verändern können. Das gesegnete Wasser, die gesegneten Gegenstände tun der Seele gut. Das ist keine Magie, sondern Ausdruck des Glaubens an das heilschaffende Wort Gottes.

Die Worte, mit denen wir eine Kerze, ein Kreuz, einen Ring, ein Auto, ein Haus segnen, sollen den Sinn, der in den einzelnen Dingen liegt, aufleuchten lassen. In den Segensworten kommt zum Ausdruck, daß Gott diese Welt als gut geschaffen hat und uns gute Dinge schenkt. In den Dingen erweist er uns seine Zuwendung, läßt er uns seine zärtliche und fürsorgende Liebe erfahren. In der Kerze läßt er uns spüren, daß er Licht bringt in unsere Dunkelheit und Wärme in unsere Kälte. Im Ring weist er uns hin auf die Treue, mit der er sich an uns gebunden hat. Im Haus verheißt er uns, daß wir bei ihm zu Hause sein dürfen. In der Menschwerdung Gottes in Jesus Christus hat Gott allen Dingen eine neue Würde verliehen. Jesus selbst spricht sein Wesen in Bildworten aus. Er sagt von sich, daß er der wahre Weinstock ist. Wenn wir den Weinstock mit glaubenden Augen betrachten, erkennen wir in ihm das Wesen unserer Existenz, wie sie durch Jesus Christus geworden ist. Alle Dinge werden für uns zum Bild des Heils, das Gott an uns in Jesus erwiesen hat.

In der Hand berührt dich Gott

Die christliche Tradition kennt zwei Grundgebärden des Segnens: das Kreuzzeichen und die Handauflegung. Beide Gebärden werden mit der Hand ausgeführt. Die Hand ist seit jeher für den Menschen von großer Bedeutung. Mit der Hand handeln wir, formen und gestalten wir. Mit der Hand packen wir die Dinge und Aufgaben an. Wir berühren einander mit der Hand. Wir drücken unsere Liebe aus, indem wir einander zärtlich streicheln. Unsere Hand kann aber auch verletzen, wenn wir einen anderen festklammern, ihn auf ein bestimmtes Bild festnageln oder ihm die Hand verweigern. Wenn wir mit der Hand segnen, wäre es wichtig, daß wir ganz in unseren Händen sind, daß wir den anderen behutsam und achtsam, zärtlich und liebevoll berühren.

Wenn Jesus einzelne Menschen gesegnet hat, hat er ihnen die Hände aufgelegt. Die Handauflegung ist eine sehr eindrückliche Gebärde. In ihr vermittle ich dem anderen, daß Gott selbst seine Hand über ihn hält, daß er geschützt und geborgen ist. Ich lege die Hände auf den Kopf. Für die Inder öffnet das Kopf-Chakra den Menschen für das Göttliche. Im Segen strömt Gottes Geist in den anderen ein. Die Hände sind seit jeher das Organ, mit dem ich Gottes Kraft und Gottes Liebe einem anderen vermittle. Für mich selbst erlebe ich die Handauflegung als eine sehr persönliche und intime Geste. Ich spüre die Wärme des anderen. Und manchmal erahne ich, daß da jetzt im anderen etwas Heilendes strömt. Ich kann die Hände schweigend auflegen oder auch mit Worten verbinden. Aber auch wenn ich dabei spreche, ist es für mich wichtig, einige Augenblicke die Hände nur schweigend über dem anderen zu lassen. Was in ihm geschieht, läßt sich letztlich nicht mit Worten ausdrücken. Es ist ein Geheimnis. Es braucht das Schweigen, damit der unbegreifliche und unaussprechliche Gott selbst am anderen handelt.

Wenn ich die Hände auflege, bereite ich mich innerlich vor. Ich versuche, ganz in der Gebärde zu sein und dabei alle eigenen Bedürfnisse und Nebenabsichten loszulassen, damit ich durchlässig bin für Gottes heiligen und heilenden Geist. Dann erlebe ich die Gebärde auch für mich als etwas Heiliges. Ich erfahre mich in dieser Geste als den Kanal, durch den Gottes Liebe rein zum anderen strömen möchte, ohne von meinen eigenen Emotionen verunreinigt zu werden.

Lukas schildert uns noch eine andere Weise, wie Jesus gesegnet hat. Er schließt sein Evangelium mit den Worten:

»Dann führte er sie hinaus in die Nähe von Betanien. Dort erhob er seine Hände und segnete sie. Und während er sie segnete, verließ er sie und wurde zum Himmel emporgehoben; sie aber fielen vor ihm nieder. Dann kehrten sie in großer Freude nach Jerusalem zurück.« (Lukas 24,50–52)

Diese Segensgebärde Jesu wiederholt der Priester beim feierlichen Segen am Schluß der Eucharistie. Dabei gibt es zwei verschiedene Gebärden. Ich erhebe die Hände und stelle mir vor, wie der Segen durch meine Hände zu den Menschen strömt. Diese Gebärde ist uralt. Die Darstellungen gehen 10 000 Jahre zurück. Es ist auch die Segensgebärde, mit der ich morgens den Segen zu den Menschen sende, die mir wichtig sind. Die andere Gebärde ist das Ausbreiten der Hände über die anderen. Es ist wie bei der Handauflegung. Aber nun lege ich sie gleichsam allen Versammelten auf und rufe Gottes Segen auf sie herab.

Lukas beschreibt die Wirkung dieses Segens auf die Jünger. Sie fallen nieder und kehren in großer Freude nach Jerusalem zurück. Sie erfahren den Segen als etwas Heiliges, vor dem sie in die Knie gehen. In vielen Gemeinden ist es heute noch üblich, beim Segen niederzuknien. Es ist eine Gebärde der Ehrfurcht vor dem, was Gott an ihnen tut. Und die Jünger kehren voll Freude in ihren Alltag zurück. Der Segen ruft in ihnen Freude hervor, die Gewißheit, daß ihr Leben gelingt und Frucht bringt, und das Vertrauen, daß sie in Gottes guter Hand sind, von ihr geschützt und getragen.

Wie Segnen den Alltag prägen kann

Tischsegen – *Gott beim Essen schmecken*

In vielen christlichen Familien ist es noch üblich, ein Tischgebet zu sprechen. Das Tischgebet ist letztlich ein Segensgebet. Die Speisen werden gesegnet. Früher verband man mit dem Segnen der Speisen die Vorstellung, daß die dämonischen Einflüsse von den Speisen ferngehalten werden. Heute haben auch viele Angst, daß sie etwas essen könnten, was ihrer Gesundheit schadet. Der Segen will sie von dieser Angst befreien. Ein Mitbruder erzählte, wie ihm in Afrika etwas Undefinierbares zum Essen angeboten wurde. Sein Magen rebellierte. Doch wenn er das Essen zurückgewiesen hätte, hätte er den Gastgeber tief verletzt. So zeichnete er das Kreuz darüber. Und es ist ihm gut bekommen. Der Segen drückt aus, daß wir Gottes Gaben empfangen, die uns nicht schaden, sondern aufbauen werden.

Doch der Tischsegen meint mehr: Er will zum

Ausdruck bringen, daß Gott selbst uns die Speisen schenkt und uns in den Speisen seine Güte und Menschenfreundlichkeit erweist. Er möchte, daß wir die Speisen genießen und in ihnen etwas von seiner Liebe kosten. Die Alten sprechen von der »*dulcedo Dei*«, von der Süßigkeit Gottes, vom angenehmen Geschmack Gottes. Gott läßt sich schmecken. Das ist für die Alten eine wichtige Erfahrung. In den Speisen schmecke ich etwas von Gottes Liebe. Und diese Liebe schmeckt angenehm.

Im Tischsegen preisen wir Gott für alles, was er uns schenkt. Und wir bitten ihn, daß uns die Speisen zum Segen gereichen, daß sie unsere Gesundheit stärken und uns für die Aufgaben des Alltags befähigen. Und wir bitten, daß Gott unsere Tischgemeinschaft segnen möge, daß wir Gott selbst in unserer Mitte erfahren als den, der uns zusammenhält. Tischgemeinschaft war für die Alten etwas Heiliges. Mit einem anderen Mahl zu halten bedeutete, daß ich den anderen ganz und gar annahm. Im gemeinsamen Mahl erfuhren die Menschen, daß sie miteinander eins wurden. Heute ist in vielen Familien die Mahlkultur verlorengegangen. Und das Tischgebet ist für viele zum Streitpunkt geworden. Anstatt es fallen zu lassen, wäre es angebracht, über neue Formen des

Tischgebetes zu sprechen. Ich kenne eine Familie, in der jeder reihum eine Woche für das Tischgebet verantwortlich ist. Vater und Mutter haben sich ein Buch mit Tischgebeten gekauft. Der 18jährige Sohn möchte keine Worte. Wenn er das Tischgebet bestimmt, schweigen alle einige Augenblicke miteinander. Und die kleineren Kinder sprechen ein spontanes Gebet, wenn sie für das Tischgebet verantwortlich sind. So entsteht Achtung voreinander und ein Gespür, daß es nicht selbstverständlich ist, gemeinsam Gottes gute Gaben zu genießen.

Haussegen – *wie dein Wohnraum Wohnung wird*

Immer häufiger werden meine Mitbrüder und ich in letzter Zeit gebeten, ein Haus zu segnen. Eine junge Familie hat ein Haus gebaut. Bevor sie einzieht, möchte sie gerne, daß ein Priester das Haus segnet. Sie hat offensichtlich das Bedürfnis, ein eigenes Ritual zu feiern, bevor sie das Haus bewohnt. Die Bitte um den Segen für die Wohnräume entspringt der uralten Erfahrung, daß manche Räume voller Segen sind. Es gibt Kirchen, in denen man es körperlich wahrnehmen kann, daß sie voller Segen sind. Umgekehrt gibt es auch

Häuser, in denen man sich nicht wohl fühlt. Eine Familie erzählte mir, daß sie das Gefühl habe, in ihrem Haus stimme etwas nicht, da liege ein Fluch darüber. Die Familie war nicht abergläubig, sondern eher nüchtern. Offensichtlich gibt es Räume, in denen man lieber nicht wohnen möchte. Der Segen soll das Haus bewohnbar machen, daß man gerne darin wohnt, weil Gott selbst mit einem darin Wohnung nimmt.

Nach dem Zweiten Vatikanischen Konzil hat die Liturgiekommission ein eigenes Benediktionale herausgegeben, in dem viele verschiedene Segnungen und Weihen vorgesehen sind: Segnung eines Hauses, einer Fabrik, einer Arztpraxis, eines Büros, eines Kindergartens, eines Feuerwehrhauses und so weiter. Die Kirche geht mit ihrem Benediktionale auf das Bedürfnis der Menschen ein, die Räume, in denen sie arbeiten, zu segnen, damit sie zum Segen werden für die Menschen, die dort arbeiten, und für die Menschen, die dorthin kommen, um Hilfe und Fürsorge zu erfahren. Das Benediktionale hat für alle Segnungen bestimmte Bibeltexte, Segensgebete und Fürbitten vorgesehen. Sie sind eine gute Hilfe und Anregung für alle Segensfeiern.

Ich beginne die Segnung eines Hauses entweder mit den Worten Jesu vom Haus, das auf dem Felsen gebaut wird (Matthäus 7,24–28), oder mit der Zachäusgeschichte (Lukas 19,1–10). Dann lege ich den Bibeltext aus und sage etwas über die Bedeutung des Hauses. Es braucht nicht nur ein äußeres Fundament, sondern auch ein inneres. Das Haus ist immer auch ein Bild für das eigene Lebenshaus. Es wird nicht einstürzen, wenn es auf dem Felsen gebaut ist, der letztlich Christus selbst ist. Das Haus wird zu einem Haus des Heiles, zu einem Haus, in dem wir heil und gesund werden, wenn Christus selbst in dieses Haus tritt und uns mit seinen göttlichen Gaben beschenkt. Dann lasse ich mich durch die einzelnen Räume führen und mir von den Kindern erklären, wozu dieses Zimmer dient und was sie sich dafür erwünschen. Manche Kinder können sehr persönlich erzählen, wovor sie geschützt sein mögen und was Gott ihnen schenken möge. Dann spreche ich ein persönliches Gebet, das den Sinn des jeweiligen Zimmers zum Ausdruck bringt und Wünsche formuliert, damit dieses Zimmer den Bewohnern das schenkt, was es verheißt: Ruhe im Wohnzimmer, Fruchtbarkeit im Arbeitszimmer, Stärkung in der Küche, Reinigung und Klärung im Bad und Erholung und gute Träume im Schlafzimmer.

Ich habe nicht den Eindruck, daß die Menschen mit dem Haussegen magische Vorstellungen verbinden. Vielmehr möchten sie bewußt in gesegneten Räumen wohnen, damit auch ihr Leben und ihr Miteinander gesegnet seien. Sie spüren, daß es nicht genügt, nur äußerlich ein Haus zu bauen, wenn es nicht gefüllt wird mit göttlichem Segen.

Wettersegen – *Sonne und Regen liegen in Gottes Hand*

In der katholischen Tradition wird vom Fest Kreuzauffindung am 3. Mai bis zum Fest Kreuzerhöhung am 14. September am Schluß der Eucharistiefeier der Wettersegen gebetet. Mit dem Wettersegen drücken wir nicht aus, daß wir das von der Tagesschau vorhergesagte Wetter in unserem Sinn beeinflussen könnten. Vielmehr bekennen wir, daß wir auf Gottes Segen angewiesen sind, damit die Früchte der Erde gedeihen und unsere Arbeit gelinge. Landwirte haben noch ein ausgeprägtes Gefühl dafür, daß am Segen Gottes alles gelegen ist. Sie können noch soviel arbeiten, wenn das Wetter nicht mitspielt, ist alles umsonst. Und das Wetter kann man nicht durch technische Mittel beeinflussen. Da erfährt der Mensch noch seine Ohnmacht. In den letzten Jahren haben die Wetterkatastrophen – in einem Jahr die große Flut, im nächsten die Dürre – viele Menschen nachdenklich werden lassen. Sie spüren, daß die Naturmächte bedrohlich werden können, und daß wir auch da auf Gottes Segen angewiesen sind. Das bedeutet nicht, daß wir nicht selbst die Maßnahmen ergreifen können, die solche Katastrophen verhindern. Aber im letzten können wir weder die ständigen Regenfälle noch die anhaltende Hitze beeinflussen.

Was die Bauern noch wissen, das wird im Wettersegen auch für die übrigen Kirchenbesucher ins Wort gefaßt: Unsere Arbeit ist auf den Segen Gottes angewiesen. Alles, was wir tun, kann durch irgendwelche Widerfahrnisse, die nicht in unserer Macht liegen, zunichte gemacht werden. Daher halten wir uns mit unseren Anstrengungen Gott hin, damit er alles segne. Und im Wettersegen wird unser Blick auf die Schöpfung und ihre Schönheit geschärft. Wir sollen dankbar sein für die Natur, die uns umgibt. In ihr erfahren wir Gottes Fürsorge für uns. Und die Fruchtbarkeit, die wir gerade im Frühling überall aufblühen sehen, ist ein Bild dafür, daß auch unser Leben Frucht bringt.

Reisesegen – *Was dich unterwegs begleiten soll*

Immer wenn ein Mitbruder eine Reise in ein fernes Land antritt, beten wir über ihn den Reisesegen. Nach der Mittagshore oder nach der Komplet tritt der Mitbruder aus dem Kreis der Brüder und kniet sich auf die untere Stufe zum Altarraum. Dann singen wir über ihn entweder den lateinischen Gesang *»In viam pacis«* oder ein paar Verse von Psalm 121 mit der Antiphon: *»Der Herr behüte dich, wenn du fortgehst und wiederkommst, von nun an bis in Ewigkeit.«* Wir singen dem Reisenden zu: *»Er läßt deinen Fuß nicht wanken; der dich behütet, schläft nicht. Der Herr ist dein Hüter, der Herr ist dein Schatten zu deiner Rechten. Der Herr behütet dich vor allem Unheil, er behütet dein Leben.«* Und der Abt spricht dann den Segen über den scheidenden Mitbruder.

Im Reisesegen wird deutlich, daß es nicht selbstverständlich ist, daß wir gesund ans Ziel und wieder unversehrt nach Hause kommen. Es geht nicht nur um Schutz auf der Reise, sondern auch darum, daß das, was wir uns vorgenommen haben, auch gelingt. Jede Reise hat ja nicht nur ein äußeres Ziel. Sie geschieht wegen einer Aufgabe oder eines Besuches. Und auch dafür brauchen wir Gottes Segen. Für unseren Konvent ist der Reisesegen keine lästige Gewohnheit. Im Gegenteil, da spüren wir eine innere Verbundenheit. Wer wegfährt, um an fernen Orten eine Aufgabe zu erfüllen, tut es doch in Gemeinschaft mit uns. Unsere guten Wünsche begleiten ihn, aber vor allem unser Gebet und der Segen Gottes. Die Gäste, die in der Kirche den Reisesegen miterleben, sind oft sehr berührt. Sie fragen den Gastpater, was wir da gebetet haben. Sie spüren, daß im Reisesegen etwas geschieht zwischen uns. Der Mitbruder fährt nicht einfach weg, sondern er geht mit unserem Segen und bleibt so in Verbindung mit uns.

Flursegen – *Mit Feld und Frucht verbunden sein*

In den Tagen vor Christi Himmelfahrt kennt die Liturgie den Flursegen. Wir beginnen dann das Konventamt, indem wir erst einmal aus der Kirche ausziehen und durch den Gästegarten gehen. Dabei singen wir die Allerheiligenlitanei. In vielen Orten – vor allem auf dem Lande – zieht man an diesen Tagen durch die Flur. In der Litanei bitten wir Gott, daß er die Fluren segnen und eine gute Ernte bereiten möge. Der Flursegen hat eine alte

Tradition. Schon die Römer kannten am 25. März den Umgang um die Felder. Die Kirche hat diese heidnische Tradition aufgegriffen, indem sie am 25. März das Fest der Verkündigung Mariens feierte. Der wahre Frühling beginnt, wenn Gott seinen Sohn in die Welt schickt. Und sie hat selbst Flurumgänge christlich gestaltet. Sie hat damit eine Ursehnsucht aufgegriffen, die Sehnsucht, daß unser Leben Frucht bringt.

Der Flursegen hat zwar heidnische Wurzeln, aber er ist kein magisches Tun. Vielmehr drücken wir darin aus, daß unsere Fluren den Segen Gottes brauchen, damit sie Frucht bringen. Es gibt nicht nur das Wetter, das die Ernte gefährden kann, sondern auch viele Plagen, Ungeziefer, Schädlinge und so weiter. Im Flursegen nehmen wir die Natur bewußt wahr. Der Segen wird leibhaft. Wir gehen durch die Felder. Wir schauen uns um. Wir riechen den Duft, den die Felder verbreiten. Die Spiritualität wird geerdet. Der Segen wird anschaulich. Im Gehen und Meditieren ahnen wir, daß alles, was wir tun, auf Gottes Segen angewiesen ist.

Morgensegen – *Den Tag gesegnet beginnen*

Für mich ist es ein guter Beginn des Tages, wenn ich die Hände zum Segen erhebe und den Segen zu den Menschen hinströmen lasse, die mir von ihren Sorgen erzählt oder geschrieben haben. Für viele Eltern wäre es tröstlich, wenn sie morgens den Segen nicht nur über ihren eigenen Tag sprechen würden, sondern auch über ihre Kinder und Enkelkinder. Dann können sie darauf vertrauen, daß sie nicht allein ihren Weg gehen, sondern unter dem Segen Gottes, den sie auf sie herabgerufen haben.

Ein Missionar erzählte mir, er sei jeden Morgen um 5.00 Uhr in die Kirche gegangen, um sein Brevier zu beten und zu meditieren. Sobald er aufgeschlossen hatte, kam auch ein alter Katechet und setzte sich eine ganze Stunde schweigend in die Kirche. Er fragte ihn einmal, was er denn da tue. Da erklärte er ihm: Ich gehe das ganze Dorf durch, Hütte für Hütte. Ich stelle mir die Leute vor, die darin wohnen, wie es ihnen geht, worunter sie leiden, was sie brauchen und wonach sie sich sehnen. Und dann segne ich sie. Dazu brauche ich eine ganze Stunde. Dieser alte Mann hatte ein Gespür dafür, was Segen bedeutet. Und er hat sein Alter fruchtbar werden lassen. Er konnte nicht mehr viel tun. Aber er segnete die Menschen in seinem Dorf. Das war sicher für das ganze Dorf ein Segen.

Nachtsegen – *Gehe im Segen zu Bett*

Wir beschließen die Komplet immer mit dem Abendsegen. Der Abt spricht: *»Eine ruhige Nacht und ein gutes Ende gewähre uns der allmächtige Herr.«* Dann singen wir eine marianische Antiphon, das *»Salve Regina«* oder die Antiphon, die gerade im Kirchenjahr trifft. Nach einer kurzen Stille besprengt der Abt dann den Konvent und die Kirchenbesucher mit dem Weihwasser. Ein Gast meinte einmal, das sei für ihn, wie wenn die Mutter das Kind im Bett nochmal streichelt. Der Abendsegen bringt zum Ausdruck, daß wir auch in der Nacht Gottes Schutz brauchen. Die Träume können uns ängstigen. In ihnen kann uns aber auch Gott innerlich stärken und Weisung für unser Leben erteilen. So bitten wir, daß unsere Nacht gesegnet sei, daß wir gut schlafen und in Frieden ruhen können. Das ist heute für viele nicht mehr selbstverständlich. Immer mehr haben Schlafprobleme. Sie ruhen nicht in Frieden, sondern wälzen sich unruhig hin und her und werden von

Ängsten heimgesucht. Auch die Nacht bedarf des Segens, damit sie das wird, wozu sie Gott für uns geschaffen hat: zu einer Zeit des Ruhens, des Träumens und der Erholung.

Im Abendsegen halten wir Gott unseren Tag nochmals hin. Trotz aller Konflikte und aller Enttäuschungen übergeben wir Gott den Tag und vertrauen darauf, daß es ein gesegneter Tag gewesen ist, daß er uns und anderen Menschen zum Segen gereichen möge. Und wir lassen uns im Abendsegen in Gottes gütige und zärtliche Hände fallen. Zugleich erinnern wir uns daran, daß die Nacht ein Bild des Todes ist. Es ist nicht selbstverständlich, daß wir wieder aufwachen. So mahnt uns die Nacht, uns mit allem, was ist, Gottes gnädiger Hand anzuvertrauen und in Gott Frieden zu finden.

Grenzgebiete – *Segen oder Weihe?*

Manchmal unterscheiden die Leute nicht richtig zwischen Segnung und Weihe. Man spricht davon, daß ein Haus eingeweiht wird, oder daß eine Glocke geweiht wird. Weihe *(consecratio)* meint eigentlich, daß ein Gegenstand *(Altarweihe)* oder eine Person *(Abtsweihe)* oder ein Raum *(Kirch-*

weihe) aus dem normalen Gebrauch herausgenommen und für den besonderen Dienst vor Gott oder für den gottesdienstlichen Gebrauch ausgesondert wird. Ein Haus wird daher immer gesegnet und nicht geweiht. Denn es ist ja nicht herausgenommen aus dem normalen Gebrauch einer Familie. Eine Kirche dagegen wird geweiht. Sie ist nur für den Gottesdienst gedacht. Sie wird dem Zugriff der Welt entzogen, damit sie ein heiliger Raum sei, in dem der Mensch zur Ruhe kommt und das Heilige oder den Heiligen erfährt.

Aus den Segensbräuchen der Fest- und Jahreszeiten

Im Laufe eines Kirchenjahres gibt es die verschiedensten Segnungen. In vielen Gegenden werden sie in letzter Zeit wieder gerne praktiziert. Die Leute spüren, daß sie das Kirchenjahr anders feiern, wenn sie die früher üblichen Segnungen in einem persönlich gestalteten Ritual feiern.

Den Adventskranz segnen

Für viele ist der Adventskranz nur ein Schmuckstück, mit dem man in der Adventszeit die Wohnungen ausstattet. Aber er hat keine tiefere Bedeutung mehr. Der Segen soll die Bedeutung des Adventskranzes für die ganze Familie zum Ausdruck bringen. Im Adventskranz drücken wir unsere Hoffnung aus, daß unser Leben gelingt, daß das, was während des Jahres zerbrochen ist, wieder heil und ganz wird. Und in den vier Kerzen,

die wir an jedem Adventssonntag anzünden, soll
das Licht der Menschwerdung in alle Bereiche unseres Lebens hineinleuchten. Wenn der Adventskranz gesegnet wird, dann steht er nicht nur wie
ein Schmuckstück im Haus. Vielmehr erinnert er
die Familie immer wieder daran, daß Gott selbst
in dieses Haus kommt, und daß Gott das Auseinanderstrebende in den einzelnen und in den
Beziehungen wieder zusammenfügt. Die grünen
Zweige des Adventskranzes weisen auf das unver-
gängliche Leben hin, das Gott uns in der Menschwerdung seines Sohnes schenkt. Was verdorrt ist,
wird wieder grün und lebendig. Und das Licht
des Adventskranzes erleuchtet die Dunkelheit,
die sich in unserer Seele manchmal einnistet, und
wärmt die kalt gewordenen Herzen.

Die Liebe des hl. Johannes
im Wein genießen

Ich bin in einer Gemeinde aufgewachsen, deren
Kirche dem hl. Johannes, dem Evangelisten, geweiht war. Am Fest des hl. Johannes feierten wir
eine eigene Andacht, in der der Johanneswein
gesegnet wurde. Und in der Andacht durften
dann selbst wir Kinder Wein trinken. Der Pfarrer

reiche uns den Wein mit den Worten: »*Trinke die Liebe des hl. Johannes.*« Das hat mich immer tief beeindruckt. In unserer Abtei wird der Johanneswein am Ende des Konventamtes gesegnet. Wir trinken ihn dann beim Mittagessen.

Der Segen über den Johanneswein will uns sensibel dafür machen, was die Bedeutung jedes Weines ist. Wenn wir bewußt und achtsam Wein trinken, ist es immer die Erfahrung von Liebe. Wein erfreut das Herz des Menschen. Wein verstärkt die Liebe. Im Wein trinken wir letztlich die Liebe, die von Gott kommt und nie versiegt. Wir brauchen diese Liebe, die von außen in uns einströmt, damit wir mit der inneren Quelle der Liebe in uns in Berührung kommen. Und im guten Geschmack des Weines schmecken wir die Süßigkeit (*dulcedo*) Gottes, von der die Mystiker gesprochen haben. Gott will in uns eindringen wie ein süßer Wein und unsere Emotionen und unseren Leib mit einem angenehmen Geschmack erfüllen.

Am Dreikönigstag das Haus segnen

Als Kinder waren wir bei der Haussegnung am Dreikönigstag (»*Epiphaniefest*« heißt es liturgisch) immer begeistert. Denn da durften wir das ganze Haus mit Weihrauch erfüllen. So haben wir mit großer Faszination das Weihrauchfaß aus der Kirche ausgeliehen und immer genügend Weihrauch eingelegt, damit der gute Duft wirklich auch überall zu riechen war. An Epiphanie segnet nicht der Priester das Haus, sondern der Hausvater oder die Hausmutter gemeinsam mit den Kindern. Uns hat es immer großen Spaß gemacht, an diesem Tag mit dem Weihrauchfaß durchs Haus zu gehen und alles in unserer Wohnung mit Weihwasser zu besprengen.

Der Brauch der Häusersegnung am Fest Epiphanie mag auf das heidnische Brauchtum um die »Rauhnächte« zurückgehen. Aus Angst vor den Dämonen räucherte man das Haus und den Stall aus und beschrieb die Haustüre, damit das Unheil vor dem Haus gebannt wurde. Die Christen haben den Sinn dieses Brauches verändert. Weil Gottes Herrlichkeit in Jesus Christus sichtbar erschienen ist *(Epiphanie)*, deshalb soll sie auch überall aufscheinen, auch in unseren Häusern und Wohnungen. Die Segnung soll dem Menschen, der sich oft unbehaust vorkommt, zeigen, daß Gott selbst in seinem Haus wohnt. Dort, wo Gott wohnt, kann auch der Mensch zu Hause sein.

Am Epiphaniefest werden auf den oberen Türbalken die drei Buchstaben C + M + B mit der neuen Jahreszahl geschrieben. Das Volk hat gemeint, es seien die drei Anfangsbuchstaben der heiligen drei Könige: Caspar, Melchior und Balthasar. Doch in Wirklichkeit ist es die Abkürzung der lateinischen Formel: »*Christus mansionem benedicat: Christus segne das Haus.*« Das Zeichen des Kreuzes ist wie ein Siegel, das man auf die Tür zeichnet. Wenn die Tür versiegelt ist, können keine schädlichen Kräfte in das Haus eindringen.

Mit dem hl. Blasius den Leib in den Blick bekommen

In vielen Gegenden erfreut sich der Blasiussegen wieder neuer Beliebtheit. Der hl. Blasius war Arzt, der sogar Tiere geheilt hat. Bekannt wurde er vor allem durch die Heilung eines Jungen, der eine Fischgräte verschluckt hat, die ihn am Atmen hinderte. So wird an seinem Fest, am 3. Februar, der Blasiussegen nach der Eucharistiefeier verteilt. Der Priester hält zwei gekreuzte brennende Kerzen an den Hals der Vortretenden. Und er bittet darum, daß Gott auf die Fürsprache des hl. Blasius die Menschen vor allem bewahren möge, was den Hals bedroht. Der Hals ist ja ein sehr sensibler Bereich im Menschen. Manchmal drückt Angst uns die Kehle zu, und wir können nicht richtig sprechen. Manchmal sitzt ein Kloß in unserem Hals, entweder ein Trauerkloß, der uns am Leben hindert, oder aber wir haben zuviel hinuntergeschluckt, daß wir innerlich daran ersticken. Viele erkälten sich am Hals. Der Hals ist der liebebedürftigste Teil des Menschen. Wir brauchen gerade da die Wärme der Kerze und die liebende Zuwendung Gottes.

Wenn der Blasiussegen richtig erklärt und angemessen gespendet wird, berührt er die Menschen tief. Sie spüren, daß Segen die ganz konkrete Zuwendung Gottes für ihre persönlichen Nöte ist. Es ist nicht selbstverständlich, daß wir gesund sind. So gilt der Blasiussegen nicht nur unseren Beschwerden mit dem Hals, sondern unserem ganzen Leib. Wir bitten am Fest des hl. Blasius, daß Gott uns Gesundheit und Heil schenken möge.

Im Aschenkreuz
die menschliche Natur schauen

Am Aschermittwoch wird nach dem Evangelium Asche gesegnet und die gesegnete Asche den Anwesenden in Kreuzform auf den Kopf gestreut. Asche ist Zeichen der Umkehr. Sie soll uns daran erinnern, daß wir Staub sind und zu Staub werden, wie es die alte Formel beim Ausstreuen ausdrückt. Mit Asche hat man früher auch gereinigt. So lädt uns die Asche ein, die Fastenzeit bewußt als Zeit innerer Reinigung zu erfahren. Wir haben es nötig, das, was sich während des Jahres in unser Herz geschlichen und uns innerlich verunreinigt hat, zu läutern.

Zu Beginn der Fastenzeit halte ich immer einen Fastenkurs. Und den führe ich immer ein mit einer Eucharistiefeier, in der ich an die Teilnehmer und Teilnehmerinnen das Aschenkreuz austeile. Ich spüre, wie es für die Menschen wichtig ist, ein sinnenfälliges Zeichen zu bekommen, das sie an ihre menschliche Natur erinnert, die vergänglich ist und wieder zu Staub werden wird, und sie zur Umkehr einlädt. Wenn ich die Empfänger des Aschenkreuzes frage, was das mit ihnen mache, können sie es kaum erklären. Sie sagen nur, es hätte sie tief berührt. Offensichtlich dringt die gesegnete Asche in ihre unbewußte Sehnsucht ein, neu anzufangen und all das in ihrem Inneren auszubrennen, was sie am Leben hindert. Und es ist für sie ein sinnfälliges Zeichen, daß sie umkehren wollen von Wegen, die sie nicht weiterführen, und umdenken möchten, die Dinge so sehen möchten, wie sie wirklich sind.

Aus der Osternacht
das Wasser des Lebens mitnehmen

In der Osternacht segnet der Priester Wasser in einem großen Bottich. Im Segensgebet drückt er aus, was das Wasser bedeutet:

»Segne dieses Wasser, das uns an deine Sorge für uns Menschen erinnert. Im Anfang hast du das Wasser erschaffen, damit es der Erde Fruchtbarkeit bringt und uns Menschen zum frischen Trunk und zum reinigenden Bad wird. Du hast das Wasser in Dienst genommen für das Werk deines Erbarmens: Im Roten Meer hast du dein Volk durch das Wasser aus der Knechtschaft Ägyptens befreit, in der Wüste mit Wasser aus dem Felsen seinen Durst gestillt. Die Propheten sahen im Bild des lebendigen Wassers den Neuen Bund, den du mit uns Menschen schließen wolltest. Durch das Was-

ser, das Christus im Jordan geheiligt hat, reinigst du im Bad der Taufe den sündigen Menschen und schenkst ihm das neue Leben deiner Kinder.«

In diesen Bildern wird deutlich, was der eigentliche Sinn des Wassers ist. Das Wasser möge auch uns reinigen, damit unser ursprüngliches und unbeflecktes Bild, das Gott sich von uns gemacht hat, wieder aufstrahle.

Nach der Segnung des Wassers besprengt der Priester alle Gläubigen mit dem gesegneten Wasser. Unser Abt zieht mit einem großen Weihwasserbecken durch die Kirche und besprengt die Anwesenden, so daß sie wirklich naß werden. Sie sollen spüren, daß das Wasser auch sie reinigt und erfrischt, daß sie gesegnete Menschen sind. Und das Wasser soll sie an ihre Taufe erinnern. Der Abt lädt alle ein, sich etwas Osterwasser mit nach Hause zu nehmen. Und viele füllen ihre mitgebrachten Flaschen nach der Feier der Osternacht mit dem Osterwasser. Sie bringen etwas vom Ostersegen mit nach Hause. Sie gießen es in ihr Weihwasserbecken zu Hause, das sie zuvor gereinigt haben. Es erinnert sie auch daheim daran, daß sie mit Christus auferstanden sind aus dem Grab ihrer Angst und Dunkelheit, daß auch in ihnen neues Leben aufblüht.

Im Ostermahl den Sieg des Lebens feiern

Schon seit den ersten christlichen Jahrhunderten werden an Ostern Speisen gesegnet. Der Segen, der von Ostern ausgeht, soll im gemeinsamen Mahl auch daheim erfahren werden. Mahl halten in Freude, das ist die angemessene Weise, auf die Feier der Auferstehung zu reagieren. Gott hat uns in der Auferstehung neues und unvergängliches Leben geschenkt, das durch den Tod nicht mehr vernichtet werden kann. Indem wir Mahl halten, erfahren wir die Fülle des Lebens, die in der Auferstehung Jesu für uns angebrochen ist. Und wir erinnern uns beim häuslichen Ostermahl, daß der Auferstandene immer wieder mit seinen Jüngern Mahl gehalten und dadurch in ihr Leben Licht und Hoffnung getragen hat. Die Segnung der Osterspeisen macht aus diesen Speisen nicht etwas ganz anderes. Aber sie erinnert uns daran, daß jedes Essen letztlich ein Genießen der guten Gaben ist, die uns Gott schenkt, damit wir sie genießen und uns unseres Lebens freuen. Im Genießen der guten Gaben Gottes erahnen wir, daß das Leben stärker ist als der Tod.

An Mariä Himmelfahrt
Gottes Schöpfung betrachten

Am 15. August feiert die Kirche die Aufnahme Mariens mit Leib und Seele in den Himmel. Maria ist Bild für unsere Zukunft. Auch wir werden im Tod mit Leib und Seele in den Himmel aufgenommen. Natürlich wird unser Leib zunächst verwesen. Aber das Fest will uns sagen, daß alles, was wir im Leib erfahren haben – unsere Liebe, Freude, Sehnsucht, unseren Schmerz –, im Tod verwandelt und in Gott hineingerettet wird. Nicht nur unsere Seelenspitze wird zu Gott kommen, sondern wir als diese konkrete Person. Wir werden im Tod nicht aus der Liebe Gottes fallen, sondern in die eigentliche Herrlichkeit verwandelt, die jetzt schon in unserem Leib aufleuchtet.

An diesem Fest werden seit dem 10. Jahrhundert Kräuterbüschel gesegnet, die die Gläubigen mit in die Kirche bringen. Das Fest erinnert uns daran, daß Gott alles gut gemacht hat. Die Schöpfung ist sein erstes Geschenk. Maria, die Mutter, steht immer auch für die Mutter Erde, aus der Gott nicht nur schöne Blumen, sondern auch heilende und stärkende Kräuter sprießen läßt. Es ist ein schöner Brauch, wenn Familien sich gemeinsam auf die Suche nach Heilkräutern und schönen

Blumen machen und miteinander Kräuterbüschel flechten. Sie bringen sie mit in die Kirche und nehmen sie als gesegnete wieder mit nach Hause. Sie schmücken damit ihr Haus, um auszudrücken, daß die heilende Kraft Gottes stärker ist als alles, was das Leben schwächt. Das Fest der Aufnahme Mariens in den Himmel ist von Freude geprägt. Wir feiern unsere eigene Zukunft, die uns bevorsteht. Wir feiern den Sieg des Lebens über den Tod. Und wir feiern unseren Gott als den Schöpfer, der uns Schönheit und Gesundheit schenkt. Die Heilkräuter bringen den Schöpfungssegen in unsere Häuser und erinnern uns daran, daß wir gesegnete Menschen sind und immer und überall unter dem Segen Gottes stehen. Und die Schönheit der Blumen erinnert uns an die eigene Schönheit, die Gott unserem Leib verliehen hat und die trotz der Vergänglichkeit dieses Lebens dem Tod nicht anheimfällt, sondern von Gott in ewige Schönheit verwandelt wird.

Segensworte für dich

Der Segen wird seit jeher durch bestimmte Formeln und Gebete ausgedrückt. Im Judentum war der sogenannte aaronitische Segen beliebt. In der evangelischen Kirche wird er häufig am Schluß der Liturgie gesprochen. Er heißt:

»Der Herr segne und behüte dich. Der Herr lasse sein Antlitz über dir leuchten und sei dir gnädig! Er zeige dir sein Angesicht und gebe dir den Frieden.«

In diesem Segenswort wird etwas deutlich, was für jeden Segen gilt. Im Segen wendet uns Gott sein freundliches Angesicht zu. Es ist der mütterliche Gott, der sich liebevoll gerade mir zuneigt. Die Erfahrung des Segens hat mit der Grunderfahrung des Kindes zu tun, das in das freundliche und liebende Gesicht der Mutter schaut, die sich über die Wiege beugt. Das Leben des Kindes gelingt nur, wenn es immer wieder diese liebende Zuwendung der Mutter erfährt. Ähnliches können wir vom Segen sagen: Unser Leben gelingt nur, wenn wir immer wieder erleben dürfen: Gott wendet mir sein freundliches Angesicht zu. Ich bin angesehen. Ich bin wahrgenommen. Ich bin geliebt. Im Segen begegnen wir dem mütterlichen Gott.

Wenn wir einen persönlichen Segen über einen Menschen sprechen, so sollte diese mütterliche Zuwendung, diese zärtliche Atmosphäre mütterlicher Liebe darin zum Ausdruck kommen.

Segnen ist immer persönliche Zuwendung. Ich schaue den Menschen an. Ich meditiere mich in ihn hinein, um wahrzunehmen, was dieser konkrete Mensch braucht, was seine tiefste Sehnsucht ist. Der Segen soll nicht irgendein frommes Wort sein, losgelöst von diesem konkreten Menschen, sondern eine persönliche Zusage und Zuwendung, eine Antwort auf die tiefste Sehnsucht und das eigentliche Bedürfnis dieses einen Menschen.

In den letzten Jahren sind irische Segenssprüche sehr beliebt geworden. Sie spiegeln etwas wider von dieser mütterlichen und zärtlichen Atmosphäre, die eigentlich jeden Segen prägen sollte. Sie zeichnen sich durch ihre Bildhaftigkeit aus. Sie bringen die Erfahrungen der Menschen zur Sprache, ihre Erfahrung von Wind und Regen, von Sonne und blühenden Feldern. Du kannst dich von den irischen Segensworten anregen lassen zu eigenen Segensgebeten. Aber wichtiger wäre es, wenn du beim Formulieren des Segens deinem eigenen Gefühl traust und die Worte sagst, die aus deinem Herzen strömen. Wenn du einen Menschen segnest, dann spüre dich in ihn hinein: Was bewegt ihn? Was bräuchte er? Wonach sehnt er sich? Was möchte ich gerade diesem Menschen von Gott her zusprechen? Viele Menschen kennen fast nur Bittgebete. Wenn sie in ein Gespräch gehen, bitten sie Gott, daß es gelinge. Das darf so sein. Denn letztlich bitten sie, daß Gott das Gespräch segne. Du kannst aber statt des Bittgebetes selbst Segensworte über eine konkrete Situation sprechen. Wenn es einen Konflikt gibt in der Familie, in deiner Firma, in deiner Gruppe, dann sprich einen Segen hinein. Der Segen wird dir helfen, die Situation mit anderen Augen anzuschauen. Und du wirst sehen, daß die Atmosphäre nicht mehr nur von Mißverständnissen und Spannungen geprägt ist, sondern vom Segen Gottes, der das Klima um dich herum verwandelt. Du kannst am Morgen den heutigen Tag segnen. Sprich über alles, was dich erwartet, den Segen. Im Segen drückst du deinen Glauben aus, daß der Tag, in den du heute hineingehst, vom Segen Gottes umfaßt ist. Die Büroräume, die Produktionshalle, das Kaufhaus, die Arbeitsstätte, sie alle sind vom Segen Gottes umfaßt. Du gehst nicht in Räume, die von den negativen Emotionen geprägt werden, sondern in Räume, über denen Gottes Segen steht. Du gehst unter dem Segen Gottes. Du arbeitest unter dem Segen Gottes. Du begegnest Menschen, die von Gottes Segen erfüllt sind.

Am Abend kannst du im Rückblick auf den Tag und deine Begegnungen nochmals alles segnen, was war. Durch den Segen bekommt alles ein anderes Gesicht. Und du wirst dich gegenüber dem vergangenen Tag anders fühlen, voll Dankbarkeit und voller Frieden. Und dann segne auch die Nacht, damit sie dir zum Segen wird. In der Nacht geschieht ja Wesentliches für unsere Seele. Träume können die Seele aufwühlen oder ihr neue Hoffnung schenken. Sie können unser Herz mit Licht erfüllen und uns einen Weg weisen, wie wir weitergehen sollen. Bitte Gott, daß auch deine Nacht unter Gottes Segen steht, aber nicht nur deine Nacht, sondern auch die Nacht all derer, die heute nicht schlafen können, die weinen, weil sie traurig sind und nicht mehr ein noch aus wissen.

Traue in der Formulierung des Segens deinem eigenen Herzen. Die Segensgebete, die ich dir mit auf den Weg geben möchte, sollen dich nur anregen, deine eigenen Worte zu finden. Aber manchmal kann es auch eine Hilfe sein, vorformulierte

Worte zu sprechen. Gerade dann, wenn das Herz trocken ist und dein Mund verstummt, wollen dir die folgenden Gebete helfen, dein Leben unter den Segen Gottes zu stellen, dich selbst gesegnet zu wissen und zu vertrauen, daß du selbst Segen für andere bist.

Am Morgen

Barmherziger und guter Gott, segne diesen Tag. Du hast ihn mir geschenkt, damit ich ihn erlebe als eine heilige Zeit, als eine Zeit, in der du selbst immer bei mir bist. Segne alles, was ich heute in die Hand nehme. Laß meine Arbeit gelingen. Segne die Gespräche, die ich führe. Segne die Begegnungen, damit ich in jedem Menschen dein Antlitz aufleuchten sehe. Segne die Menschen, die mir am Herzen liegen. Laß sie nicht allein auf ihrem Weg. Begleite sie und sende deine heiligen Engel, damit sie ihre Wege mitgehen und sie beschützen. Segne diesen Tag, daß ich ihn im Bewußtsein deiner heilenden und liebenden Nähe lebe. Und segne mich heute, damit ich selbst zu einer Quelle des Segens werden darf für die Menschen, die mir heute begegnen. Amen.

Bei Tisch

Guter Gott, wir danken dir für dieses Mahl, das du uns geschenkt hast. Du hast den Tisch reich gedeckt mit guten Gaben, in denen wir deine Güte und Freundlichkeit erfahren dürfen. Laß uns deine Gaben in Freude genießen. Segne unsere Tischgemeinschaft, damit wir dich in unserer Mitte erfahren als den Gott der Liebe. Segne unsere Gespräche, daß sie uns einander näherbringen und uns einander verstehen lassen. Stärke uns durch dieses Mahl und schenke uns einst Anteil an deinem ewigen Mahl, an dem wir für immer dich genießen dürfen als die Fülle des Lebens. Darum bitten wir durch Christus, unsern Herrn. Amen.

Am Abend

Herr, segne diese Nacht, daß sie für mich eine heilige Zeit wird, eine Zeit, in der du selbst zu mir sprichst im Traum. Segne meinen Schlaf, damit ich mich erholen und morgen mit neuer Kraft wieder aufstehen kann, um das zu vollbringen, wozu du mich berufen hast. Segne mich in dieser Nacht, damit ich in deinen guten und zärtlichen Händen geborgen und getragen bin. Bewahre mich vor

Krankheit und Tod. Sende deine heiligen Engel,
damit sie mich in Frieden behüten. Und segne
auch alle, die heute nacht weinen, weil sie trau-
rig sind. Segne die, die nicht schlafen können. Und
zeige ihnen, daß du deine gute Hand über sie
hältst. So segne mich und alle, die mir lieb sind,
der gütige und barmherzige Gott, der Vater, der
Sohn und der Heilige Geist. Amen.

Für einen lieben Menschen

Wenn du einen Menschen segnest, dann traue den
Worten, die sich in deinem Herzen von selbst bil-
den. Aber wenn du dich schwertust, selbst Worte
zu formen, kann dich dieses Gebet vielleicht anregen:

Barmherziger und guter Gott, segne meine Schwe-
ster, meinen Bruder (mein Kind, meinen Freund,
meine Freundin, meinen Mann, meine Frau).
Halte deine schützende Hand über sie und lasse
sie überall deine heilende und liebende Nähe spü-
ren. Durchdringe sie mit deinem heiligen Geist.
Laß deinen heiligen und heilenden Geist eindrin-
gen in alle Abgründe ihrer Seele. Heile ihre Wun-
den. Belebe, was in ihr erstarrt ist. Befruchte in

ihr, was vertrocknet ist. Bringe sie in Berührung mit der Quelle des Segens, der in ihr sprudelt. Und mache sie so, wie sie ist, zum Segen für die Menschen, denen sie begegnet. Schenke ihr das Vertrauen, daß du ihre Wege segnest. Geh du mit ihr ihren Weg, damit sie ihr Weg in immer größere Lebendigkeit, Freiheit und Liebe hineinführt. Amen.

Für dich selbst

Zum Schluß möchte ich dir selbst, liebe Leserin, lieber Leser, mein persönliches Segenswort zusprechen:

Der barmherzige und gute Gott segne dich. Er umhülle dich mit seiner liebenden und heilenden Gegenwart. Er sei mit dir, wenn du aufstehst und dich niederlegst. Er sei bei dir, wenn du aus dem Haus gehst und wenn du wieder zurückkehrst. Er sei mit dir, wenn du arbeitest. Er lasse dein Werk gelingen. Er sei mit dir in jeder Begegnung und öffne dir die Augen für das Geheimnis, das dir in jedem menschlichen Antlitz aufleuchtet. Er behüte dich auf all deinen Wegen. Er stütze dich, wenn du schwach wirst. Er tröste dich, wenn du dich einsam fühlst. Er richte dich auf, wenn du gefallen bist. Er erfülle dich mit seiner Liebe, mit seiner Güte und Milde, und er schenke dir inneren Frieden. Das gewähre dir der gute Gott, der Vater, der Sohn und der Heilige Geist. Amen.

Literatur

Benediktionale. Studienausgabe für die katholischen Bistümer des deutschen Sprachgebietes, Freiburg 1978.

Johanna Domek, Segen – Quelle heilender Kraft, Münsterschwarzach 1988.

Dorothea Greiner, Segen und Segnen. Eine systematisch-theologische Grundlegung, Stuttgart 1999.

Heinrich Schlier, Der Brief an die Epheser, Düsseldorf 1968.

Ein Mutmacher für Familien

ANSELM GRÜN
MAGDALENA BOGNER

ABENTEUER LEBEN

DAS SPIRITUELLE FAMILIENBUCH

Anselm Grün
Magdalena Bogner

Abenteuer Leben
Das spirituelle Familienbuch

224 Seiten
gebunden mit Schutzumschlag
ISBN 978-3-87868-177-9

Sich kennenlernen – Verliebt sein – Entscheidung füreinander –
Hochzeit – Schwangerschaft und Kindererziehung – Konflikt –
Trennung – Scheidung – Miteinander älter werden

Jede Familienphase birgt ihre eigenen Chancen und Heraus-
forderungen, meinen Benediktinerpater Anselm Grün und die
Familienexpertin Magdalena Bogner. Die schwieriger werdenden
Rahmenbedingungen sollten dabei nicht entmutigen.

Das Abenteuer Familie besteht, wer gute Rituale hat, wer den
spirituellen Horizont für sich nicht außer Acht lässt und miteinander im Gespräch bleibt. Dabei ist den Autoren klar, dass es die
ideale Familie nicht gibt. Doch gerade in schwierigen Situatio-
nen kann man aneinander reifen.

Vier-Türme-Verlag, 97359 Abtei Münsterschwarzach
Telefon 09324 / 20 292, Telefax 09324 / 20 495
Bestell-Mail: info@vier-tuerme.de
www.vier-tuerme-verlag.de

Spiritualität bei dtv

Bitte besuchen Sie uns im Internet: www.dtv.de

Spiritualität bei dtv

Helena Klitsie
Meine Reise nach Indien
Vom Abenteuer einer
spirituellen Suche
Übers. v. E. Klein
ISBN 978-3-423-34339-8

Indische Weisheiten
Hg. v. S. Schuhmacher
ISBN 978-3-423-34340-4

Sakyong Mipham
Wie der weite Raum
Die Kraft der Meditation
Übers. v. S. Schuhmacher
ISBN 978-3-423-24445-9

Den Alltag erleuchten
Die vier buddhistischen
Königswege
Übers. v. S. Schuhmacher
ISBN 978-3-423-24586-9

Geshe Michael Roach
Der Garten des Buddha
Tibetische Lehren
Übers. v. D. und G. Bandini
ISBN 978-3-423-36259-7

Die Weisheit des Diamanten
Buddhistische Prinzipien für
beruflichen Erfolg und priva-
tes Glück
Übers. v. M. Wallossek
ISBN 978-3-423-34198-1

Drukpa Rinpoche
Tibetische Weisheiten
Lebensweisheiten eines tibe-
tischen Meditationsmeisters
Übers. v. S. Schuhmacher
ISBN 978-3-423-36143-9

Thich Nhat Hanh
**Wie Siddhartha zum
Buddha wurde**
Eine Einführung in den
Buddhismus
Übers. v. U. Richard
ISBN 978-3-423-34073-1

**Nimm das Leben ganz in
deine Arme**
Die Lehre des Buddha über
die Liebe
ISBN 978-3-423-34281-0

Weisheiten des Buddha
Hg. v. Anne Bancroft
Übers. v. E. Liebl
ISBN 978-3-423-36296-2

Weisheiten der Bibel
Hg. v. I. Seidenstricker
ISBN 978-3-423-34270-4

Worte, die wirken
Weisheiten für den Augenblick
Hg. v. I. Seidenstricker
ISBN 978-3-423-34435-7

Sylvia Wetzel
**Hoch wie der Himmel,
tief wie die Erde**
Meditationen zu Liebe,
Beziehungen und Arbeit
ISBN 978-3-423-34103-5

Worte des Friedens
Weisheiten von
Friedensnobelpreisträgern
Hg. v. B. Baudouin
Übers. v. S. Geithner
ISBN 978-3-423-34263-6

Bitte besuchen Sie uns im Internet: www.dtv.de